障碍のある
子どものための教育と保育
⑤

物語で読む

障碍のある子どもの家族の
レジリエンス

渡邉照美/菅原伸康

[著]

ミネルヴァ書房

ま え が き

　本著は，「障碍のある子どものための教育と保育」シリーズの5作目です。

　筆者らの教え子たちは，幼稚園や小学校，特別支援学校の教員となり，そこで出会う障碍のある子どもたちに真摯に向き合い支援・指導を行っています。

　新たに教員として採用された新採用教員が，精神疾患を理由として依願退職した者は，病気を理由とした依願退職者のうち8〜9割となっており，増加傾向にあります。

　今，どのような問題が学校現場で起こっているのでしょうか?

　教え子たちに話を聞くと，新採用教員だと，保護者のネットワークによって「指導力を心配する声が囁かれる」，「直接学校へと不満を表明しにくる」などの保護者が存在するようです。このような状況下でも新採用教員は一人の学級担任として責任や役割を果たさなくてはなりません。教員になるまで彼／彼女たちは，積極的に教師塾や学校ボランティアに行き，学生時代から教育実践を経験し抱いていた理想と「本物の」教員となり教壇に立った現実とのギャップにリアリティ・ショックを感じながらも目先の仕事をこなしているのではないでしょうか?保護者対応で，ストレスを抱え込む日が続くと次第に心身に不調をきたすようになるのも当然なことだといえます。このような保護者対応は，大学での講義や演習では，教えることのできないことの一つであります。ロールプレイングなどで，体験はできますが，あくまで模擬の世界です。本質を教えることはできません。

　一人の子どもを大人同士（教員と教員，教員と保護者などなど）が相互に理解しあって保育・教育することは，大人たちが，互いに補い合って子どもをみるという相互理解がその基盤にあると思います。

　一人の子どもの発達には，教員だけが，保護者だけが，頑張ったところで，子どもの発達は限られたものになります。

　筆者らは，子どもの見方（理解の仕方）には，子どもの外的活動と内的世界の両方をみていかなければならないと考えています。つまり，子どもの外から見た発達だけにとらわれるのではなく，子ども個人の内的な発達にも目をとめなければならないということです。

一般的には，どうしても外から見た発達に目をとめがちです。子どもの行動が，社会的な常識（大人からみて）に近づくように変容するのをみるときに，これは大人からみた社会的な常識という一つの視点から外的に子どもを見る見方であるように思います。また，低い段階から高い段階へ直線的な変容を見る見方も外的に子どもを見る発達の見方であるように思います。しかしこのような見方は，筆者ら自身，保育・教育の場にはふさわしくないように思うのです。子どもが現わす一つの行為（ふるまいやしぐさ）には，その子ども特有の意味があります。その意味を省察していくことが保育・教育の実践，子どもの見方には，必要であるように思うのです。

　つまり，子どものこういうふるまいやしぐさに，大人がこういうふうに係わったら，こういうふうな応答が，変容があったというような見方をしていくことが子どもの本質を知ることができる一つの方法ではないでしょうか。

　筆者が，教育現場にいたとき，その日の子どもの興味深い出来事をエピソードとして記し，省察を加え，保護者にメールで送っていました。そして保護者が，そのエピソードにコメント・感想を書き，さらに家庭での様子等も併せて記入し返していただき，同じ視点から一人の子どもを見ていくことを行っていました。

　このように，担任と保護者が同じ視点に立ち，一人の子どもをみていくというのは，大人同士の相互状況知覚による連携と表現してもよいのではないでしょうか。

　保護者対応について，「もう一回こちらから連絡してみたら怒っていて」と，うまくいかない自分の対応に焦燥感を感じるのではなく，子どもに寄り添うように，保護者にも寄り添い，保護者のクレームは私の教員として足りない部分を気づかせてくれたチャンスだと肯定的に捉え，対応していくことが必要あると思います。

　本著は，筆者らが，障碍のある子どもの母親，きょうだい，父親にインタヴューをしてこれまでの人生などを語ってもらった内容をまとめたものです。新採用教員だけではなく，現場の教員たちが，母親やきょうだい，父親は，こういう思いをもって人生を歩んできたということを知っていただき，日々の支援・指導にも活用いただけたらと思います。研究に協力してくださった方々のお名前はすべて仮名であり，個人が特定されないように，語りの主旨を変えず，内容を改変している部分があります。

　なお，本研究は，平成27年度基盤研究（C）15K04094「障がい児者の家族成

員の個と関係性のアイデンティティ様態に関する研究」の助成を受けたものです。

　本書では,「障碍」という語を用いています。「碍」という語には,さまたげになる石という意味があり,さまたげになる石を目から取り除けば障碍はなくなるという考え方のもと,筆者らは使用しています。

　本文中のイラストは,菅原研究室に所属している吉原さくらさんが描いてくれました。

　　2020年4月17日

菅原　伸康

物語で読む障碍のある子どもの家族のレジリエンス　**目　次**

まえがき

第 1 章

知的障碍の子どもの家族

1 知的障碍とは

（1）知的障碍の定義

　知的障碍は，精神疾患の診断・統計マニュアル（DSM-5: Diagnostic and Statistical Munual of Mental Disorder）（2014）で，

　知的能力障碍（知的発達症）は，発達期に発症し，概念的，社会的および実用的な領域における知的機能と適応機能両面の欠陥を含む障碍である。以下の３つの基準を満たさなければならない。

A．臨床的評価および個別化，標準化された知能検査によって確かめられる，論理的思考，問題解決，計画，抽象的思考，判断，学校での学習，および経験からの学習など，知的機能の欠如。

B．個人の自立や社会的責任において発達的および社会文化的な水準を満たすことができなくなるという適応機能の欠陥。継続的な支援がなければ，適応上の欠陥は，家庭，学校，職場，および地域社会といった多岐にわたる環境において，コミュニケーション，社会参加，および自立した生活といった複数の日常生活活動における機能を限定する。

C．知的および適応の欠陥は，発達期の間に発症する。

となっている。

　また世界保健機構（WHO；World Health Organization）が，1992年に示した「疾病および関連保健問題の国際統計分類（ICD-10；International Statistical Classification of Diseases and Related Health Problem）」や，アメリカ精神遅滞学会（AAMR；America Association on Mental Retardation）による2002年の「精神遅滞 第10版（Mental Retardation：definition, classification and systems of supports, 10th ed.）」にも，知的障碍の定義が記されている。これらは表現の違いはあるが，内容はほぼ共通したものになっている。

　これらのことから，知的障碍の定義は，① 一般的な知的機能が明らかに平均より低い，② 適応行動における障碍を伴う状態，③ 発達（上昇）期にあらわれる，という３条件がそろったときに診断される総称的な障碍として定義づけることができる。

2

（2）病　　態

◆ 知的能力障碍群はあくまでも病態像であり，一定の原因による疾患名ではない。

◆ 知的の平均からの偏りなので，特別な原因がなくても一般人口の2.5％は知的能力障碍群にあたり，軽度が85％を占めている。

◆ 特殊型としてダウン症などの染色体異常や，感染症，外傷などの出生前・周産期・出生後障碍が原因となる。また，療育の欠如や虐待などによってもみられる。

◆ 対応が必要な問題行動としては，過食や偏食，異食などの食事の問題，失禁や便いじりなどの排泄の問題，睡眠障碍，多動，強迫行為，パニック，自傷行為など多岐にわたる。

◆ 発達段階や性格など個人差がかなり大きいため，個々の子どもにあった具体的な支援・指導が必要である。

（3）発 生 原 因

　知的障碍の発生原因に関しては，いくつかの整理法がある。原因の特定の有無による「生理型－病理型」，病因の発生または作用の時期によって分けた「先天性－後天性」などである。ここでは「内因性－外因性」の原因を述べることとする。

■内因性と外因性

　内因性とは遺伝性の原因によるもので，外因性とは環境性または獲得性の原因によるものである。

　内因性の遺伝子異常と染色体異常として，

　○常染色体優性遺伝…結節硬化症，神経線維腫病，クルーゾン病，アペルト病など

○常染色体劣性遺伝…先天性魚鱗癬，真性小頭症，コルネア・ド・ランゲ症候
　　　群，ローレンス・ムーン・ビードル症候群，コケイン症候群，ピエール・ロ
　　　バン症候群，先天性代謝異常など
　　○性染色体異常…ターナー症候群，超女性症候群など
　　○常染色体異常…ダウン症候群，Ｄトリソミー症候群，Ｅトリソミー症候群，
　　　猫泣き症候群など
があげられる。
　　また，外因性の原因としては，
　　○感染症や炎症…風疹ウイルス，トキソプラズマ，梅毒，化膿菌など
　　○薬物や毒物による中毒…有機水銀，一酸化炭素，鉛など
　　○栄養障碍や代謝異常…母親の代謝異常，後期妊娠中毒，血液不適合による新
　　　生児重症黄疸など
　　○物理的損傷…放射線，低酸素症，外傷など
があげられる。
　　また，病理的要因としては，病変が脳の発達のどの時期にはたらくかによって，
脳障碍の部位や程度も異なってくる。
　　性細胞期としては，フェニールケトン尿症のように病的遺伝子によるものと，
ダウン症候群のように染色体異常によるものがある。胎生期には，妊娠初期の母
体の風疹や妊娠後期の梅毒，脳炎などの感染症，トキソプラズマ症，妊娠中毒症，
母子血液型不適合，放射線照射，有機水銀中毒などがあげられる。周産期には，
異常出産による胎児の脳外傷や仮死分娩による酸素欠乏などがあげられる。出産
後には，脳炎や脳膜炎などの感染症や中毒による脳障碍，交通事故やてんかんに
よる外傷などがあげられる。他には，栄養障碍やクレチン病などの内分泌障碍が
ある。

（4）知的障碍の症状

　　知的に障碍のある子どもの一般的な心理・行動特性として，受動的，依存的，
低い自己評価，低い忍耐力，攻撃性，衝動制御力の乏しさ，常動行動，自傷行為
などがあげられる。これらの心理・行動特性は，生物学的要因と環境的要因との
相互作用によってその症状の強弱が形成される。以下に，ICD－10で，軽度，
中度，重度，最重度に分類している知的水準を示す。

4

① 軽度知的障碍

　およそ IQ50〜69 の範囲，成人では精神年齢 9 歳から12歳。

　身辺処理（摂食，洗面，着衣，排泄の処理）と実際的な家庭内の技能は完全に自立してできる。主な困難は通常学業にみられ，とりわけ読み書きに問題がある。しかし，学業よりも実地の能力が要求される仕事をする潜在的能力はもっている。ただし，情緒的および社会的な未熟性が著しい場合は，結婚や育児に対処する能力，文化的伝統や慣習に従うのが困難である。多くの成人は働き，よい社会関係を維持し，社会に十分貢献することができる。

② 中度知的障碍

　およそ IQ35〜45 の範囲，成人では精神年齢 6 歳から 9 歳。

　言語の理解と使用の領域の発達が遅く，最終的な達成に限界がある。大人になってからは，熟練した監督の下に置かれれば，単純な実際的な仕事をすることができる。社会的発達がみられ，人とつき合い，伝達ができ，単純な社会的活動に従事する能力をもっている。言語に依存する課題よりも視空間技能に依存する課題で高い水準を示すなど諸能力間に偏りやくい違いのあるプロフィールの者が認められる。また，多くの者に器質的病因および合併症がある。成人は，地域社会で生活し働くために，さまざまな程度の支援を必要とする。

③ 重度知的障碍

　およそ IQ20〜34 の範囲，成人では精神年齢 3 歳から 6 歳。

　器質的病因の存在や合併症という点で，中度知的障碍に比べて顕著である。ほとんどの人に運動障碍やその他の合併する欠陥があり，臨床的にも顕著な中枢神経性の障碍を示唆している。持続的な支援が必要である。

④ 最重度知的障碍

　IQ20未満，成人では，精神年齢 3 歳未満。

　要求あるいは指示を理解したり，それに応じたりする能力がきわめて制限されている。ほとんどの者は動けないかあるいは動くことに著しい制限があり，セルフケア，排泄，コミュニケーションに深刻な制約が生じる。

　このような知的水準の違いによる知的障碍の症状の違いは，平均的なとらえ方

である。知的に障碍のある子どもの心理と行動は，知的水準だけではなく，環境的要因との相互作用により一人一人かなり異なった現れ方をする。また，知的に障碍のある子どもの知的発達の遅れは，障碍の程度や部位，障碍を受けた時期などによってさまざまである。

　身体的には，運動機能の障碍がなくても，運動発達遅滞がみられる場合がある。また，日常生活基本動作としての日常生活習慣や作業能力，移動能力などは，適切な教育的支援により成長が期待できるが，興味・関心に基づき，自ら新しい経験を獲得することが難しく，依存的，他律的である場合が多い。さらに，ゆっくりではあるが，計画的・系統的な学習指導で，文字や数を覚えていくことも可能である。ただし，覚えたことを日常生活に応用していくことは苦手な場合が多い。他には，過食や異食，誤飲，さらには排泄など基本的な日常生活習慣が身についていないことも多くみられるが，こちらも計画的・系統的な指導で成長が期待できる。

（5）知的障碍児の教育方法

　知的に障碍のある子どもとの教育的係わり合いというのは，その時代の文化や精神にも無関係ではなく，その土壌に支えられたものとも考えられる。そして，より具現化して，科学観や発達観，さらには，教科学習の系統性，学習プログラムなどとなって，子どもと係わり手の関係に直接的に絡み合ってくるものと考えられる。

　しかし，その時代を代表する科学観や発達観，さらには，教科学習の系統性，学習プログラムなどに，子どもを当てはめるような係わり合いをもつのではなく，係わり手が，意識しないままもってしまっている先入観を，再吟味しつつ，子どもの主体的，能動的な動き（しぐさや振る舞いも含む）を大切にしながら，子どもの活動文脈を追い求めた実践を行うことが大切である。

　たとえば，知的に障碍のある子どもの活動文脈に依拠した係わり合いでは，子どもとの活動の展開によっては，係わり手が予定していた系統性を一旦中断して，不全態のまま，別の系統性に移るといった展開もみられる。そして，そのことは係わり手自身もあらかじめ考えていた系統性を，再度，多面的に見直す機会を与えられることにもなる。

　また，「全存在として生きる一人の主体としての子ども」の今の状態の洞察に基づいて係わり合いをもち，その経過を踏まえ，自分の係わり合いを振り返り，

係わり合いを継続するというスタンスで，子どもと係わり合いを創っていくという現在進行形の係わり手の営みが必要である。

　さらに知的に障碍のある子ども一人一人の個別性に基づくことが，子どもの意思が大切にされ，子どもがイニシアチブを発揮でき，子どもが能動的，自主的，主体的に取り組む活動を作り出すことにつながる。ここから個々の子どもへの授業として構成される諸々の活動，その場その場で子どもの表す刻々のふるまいに対して，子どもへの働きかけを考えなければならない。それぞれ自分を自己実現し，その上で相互に働きかけ合うことができるような状況を用意する責任が，係わり手にはある。そうでなければ子どもにとっては意味のない，そして，雑踏の中にいるにすぎないことになる。

　知的に障碍のある子どもの場合は，障碍の状態や程度，その子どもの興味・関心，できること，わかることなどが，個々さまざまある。

　以下の6点は，係わり手が知的に障碍のある子どもと係わり合いをもつとき，子どもに伝えなければならない基本的な情報である。

　子どもに役に立つ情報を伝えられるだけでなく，子どもに「予測」と「安心」という観念を養うことができる。子どもの成長に伴って，係わり手とのより良い関係をつくりながら，係わり合いを深めていくことができるものである。

- ✓係わり手がそばに来たことや次に何をするのかを子どもに事前に知らせる。
- ✓子どもに今している活動がいつどのようになったら終わるのかを知らせる。
- ✓子どものそばから離れるときは，子どもに知らせ納得してからその場を離れる。
- ✓子どもにこれから何をしようとするのかをわかりやすい方法で知らせる。
- ✓子どもが主体的にできる状況を作り出す。
- ✓子どもが自分のすることを選択できる状況を作り出す。

（菅原伸康）

2　ハヤトさんをめぐる思い（中村さん親子）

　以上，知的障碍について説明を行った。本節以降，知的障碍の子どもをもつ家族の語りを紹介することとする。

　ハヤトさん（10代後半）は，父親トシヒコさんと兄ユウスケさんの3人家族。

7

ハヤトさんは，現在作業所に通っている。父は50代後半，金融機関に勤務。兄は福祉施設に勤務。母はハヤトさんが中学生の頃に他界（調査当時）。この節では，ハヤトさんをめぐる思いを父と兄の視点から紹介したい。

（1）ハヤトさんの父の思い
1．ハヤトさんの幼少時代

　トシヒコさんにハヤトさんの小さかった頃について聞いてみた。トシヒコさんは，「言葉が出てこなかったです。長男もそんなに早くなかったんですけど，とにかく言葉が出ないっていうところですよね。だいぶ遅かったんで。まさかそんなこととは夢にも思ってなかったですね。あとは多動。確かに小さい頃は激しかったですから，手を離すとすぐにどっかに行っちゃう感じでした。気にくわないとずっと泣いてるし，乳母車に乗せてもじっとしてるっていうことはできなかったんです。ずっと乳母車を押して動いてるっていう感じですかね。この子はちょっと頑固だなっていうようなイメージしかなかったですよね。」と語ってくれた。

　その後，知的障碍をともなう自閉症と診断を受けるのだが，その時の様子をトシヒコさんは，「それはショックですよね，ほんとに。何て言うんですかね。地獄にたたき落とされるイメージですよね。まぁ，そう思いながらも，もしかしたら，変わってくるんじゃないかっていう希望も半分もちながら，そのどうなのかっていうとこですよね。最初は諦めがつかないですから，いろんな先生の所に行ったりね。一人の先生じゃなくて，いろんな先生の所に行ったりもしましたけど，もう特別支援学校に行くような時には，今度はそれにあったことをしなきゃいけないっていうことですよね。それでどういうふうに変化してくるかっていう方に注力をもっていかないといけない状態でしたね。」と語ってくれた。

　その時の妻カナコさんの様子も聞いてみた。トシヒコさんは，「それはショックですよね。まぁ，でもそういうとき，女性の方が覚悟を決めるのは早いっていうか，そういう感はありましたよね。取り乱したっていうのはなかったですね。」と当時の様子を振り返ってくれた。その時，夫婦間で，「話し合いっていうのはなかったですけど，とにかく次どうするんだっていう方ですよね。お母さん方から聞いて，あそこに良い先生がいるらしいと。親とすれば次のヒントが出てこないかっていうのがある気がしたんですけど，全くなかったですよね。で，こっちにも良い先生がいるらしいというのは話し合いましたね。てんかんとかいろいろあるっていうので，専門のドクターにかかった方が良いとか言われたんで，ドク

ターにかかったりね。」と当時の様子を語ってくれた。

　10歳離れた兄のユウスケさんにどのようにハヤトさんのことを伝えたのか聞いてみた。トシヒコさんは，「ちょっとしてからですね。妻の方から。親とすれば弟に障碍があることでいじめられるんじゃないかとか，あるじゃないですか。だから，私も無理をして，厳しい環境下において。野球やってる子なんてとんでもないんですよ。男ばっかりの状況で，いじめなんて目じゃなくて，ヤンチャの集まりみたいなところですからね，親から見ると。コーチも相当厳しい。高校もクラブ続けなさいっていうことで，B高校に入ってしまったんで，B高校って行ったら，プロ養成所みたいな感じなんでレベルが違うんですよね。で，アメフト部を薦められて。何か言われても守ってくれる環境と仲間を作った方がいいかなと思って，ずっとやらせたんですけどね。何か言われてぎゅっとならないように。きょうだいがかなり状況が厳しいっていうことが多いんで。周りの子にいじめられる方ではなく，逆にいじめる方かなっていうのがなきにしもあらず（笑）。あの，少なくともそういう形にはならずにすみました。そういうのは女性の方が厳しいのかもね。おにいちゃん不登校なっちゃったとかね，結構，周りの方もね。お父さんが出社拒否症になっちゃったって人もいましたからね。きついんだろうなって思いましたよね。長男にはそういった環境でこさせて，精神力だけは強くなったかな。」と語ってくれた。

２．ハヤトさんの子育て

　インタビューを行ったのは，妻カナコさんが亡くなってから1年が経った頃であった。子育てで何が一番大変かを聞いてみた。

　トシヒコさんは，「今までの家の分担っていうのは，長男の方は私がみて，次男の方は主に妻が関知する，判断する，学校のことだとか，いろいろと妻がやってました。長男の方を私がやってという分担みたいな感じだったのが，全部自分で判断しないといけないし，その，次男については，概略はわかりますけど，根本的な事務的な面とか，役所に行ったりだとか，母の会じゃないですけど，情報を入れてきて，ああだとかこうだとか，判断してたのは妻だったので。」と話してくれた。続けて，「それがもう全く基礎ベースが私の場合は全くない。それも判断していかなきゃいけない。これから高校にも入らなきゃいけない。この近くにはどういう高校があって，どういう子どもが通ってて，うちの子にはどういう高校が一番適してるのかっていう情報が少ないわけですよね。お母さん方の横の

つながりの中で，そういったあそこはこうだとかああだとかっていう情報が入ってこないっていうことですかね。そのベースになるものがないなかで判断しなくちゃいけない。一応長男もまだ就職も決まってない状況ですから，その辺のフォローもしなくちゃいけない。一つのことを全部自分がやらなきゃいけないっていうのはかなり精神的にも肉体的にも厳しいっちゃ厳しいですよね。」と語ってくれた。

　筆者は話の中での役割分担について詳しく聞いてみた。トシヒコさんは，「話し合ったことはないんですけど，その最初の子どもとして，自分の考えてることってあるんですよね，親として。それに沿ってやってきたっていう中で，次男が生まれてっていう中で。ちっちゃい頃は母親に付きますから，その母親が小さい頃面倒みながら，自閉症だってわかって，普通の子よりもいろいろなことをしなきゃいけなくなったとき，母親が育児からの流れの中で，そういう方向に入っていって，そうは言っても一般の子どもは少年野球やったりってあるじゃないですか，最初は。」という語りが示すように，育児は妻が中心となって行っていたのが，ハヤトさんの自閉症がわかってからは役割が変わっていったことがわかる。

　「本当だったら（少年野球には）お母さんが出てくるんですよ。そういう方には（うちの場合は）母親は出ないで，私が出てたっていう。少年野球の頃は，下の子もちっちゃかったですから，中学なんか入ると，今は学校なんかのクラブよりも，そのクラブチームみたいなので，うちに子は最初野球やらせたんですけど，普通の学校だと9人集まるかもわかんないっていうことで，やらせたいなら，そういうとこに行かせたらどうですかっていわれて，クラブチームに入れて。そうすると，それに伴う付きそいだとかが，普通はお母さんとか。みんなお母さんですよ。うちの場合は私が行って。」と語られた。つまり，長男は父親であるトシヒコさんが主に担当し，ハヤトさんは母親が担当するという役割分担ができあがったのである。

　「高校に入って，今度はアメフト部に入ったんですけども，アメフトの方については私が出て，次男も落ち着いたんで，状況がよかったんで，逆に私が（家に）いて，母親が行くって場面も多々あったり。試合はくっついていかなきゃいけないときは全員で行ったり。大学もスポーツ推薦で入って，父母会ってあるんです。驚いたんですけど，今の大学は父母会があって，合宿まで親がついていくんです。え？っていう。父母会の方は私がずっと行くっていうそんな形でしたよね。」と語ってくれた。

3．妻カナコさんの死〜現在

　妻の死後，主にハヤトさんの面倒をみているのは父親であるトシヒコさんである。インタビューの中で，トシヒコさんの「ギリギリの生活ですね」という言葉が非常に印象的であった。トシヒコさんは，「月曜日に会社に行ったらボロボロですね。みんなわかっていて，土曜日，朝起きて，朝飯の用意をして，洗濯をしたら，もうすぐ昼飯になりますから，昼の用意をして，ちょっと休んだら，もう今度夕飯の支度ですから。日曜日もフル稼働，すると，だいたい12時ぐらいなっちゃって，4時間睡眠ぐらいになっちゃうので，もう月曜日はボロボロという感じですね。なるべく日曜日は，早く寝るようには心がけているんですけど，やっぱり，あれもやらなきゃ，これもやらなきゃと。あっ，これもやっとかないといけないと思うと。」と生活の現状を話してくださった。ただ，月曜日から金曜日にかけては，ヘルパーを利用している。トシヒコさんは，「1日2回，ヘルパーさんがきていただけなかったら，もうちょっと生活は成り立たないですね。」とも話されていた。

　ハヤトさんの将来のことの不安も正直に話してくださった。トシヒコさんは，「（ハヤトさんが）今年度末から初めての実習なんですけど，どういうところがあるのか，私らにはわからないんですよ。この前，先生と面談してきて，進路指導の先生が，お父さんが一生懸命探してくれないと，こちらからはアドバイスできませんと言うんです。えぇーって。見学とかはだいたい平日なんです。この状況で探せって言われても無理ですよね。確かにあるのは，みればわかりますけど，雰囲気まったくわからないんで，先生にアドバイスしていただかないとこれ無理ですよ。そういうのが一番困ってしまって。」と話された。

（2）ハヤトさんの兄ユウスケさん

1．ハヤトさんの幼稚部時代

　筆者は，ハヤトさんを3歳から5歳まで，養護学校幼稚部で担当していた。この3年間でハヤトさんの兄に会ったことが一度もなかった。他の子どもたちのきょうだいは，運動会など学校行事や送り迎え時に，出会うことがあった。しかし，ハヤトさんの兄だけには一度も会うことがなかった。そのことが筆者には，ある意味腑に落ちないことであった。その兄が社会福祉施設に就職したということを聞き，これまでの二十数年間の話を聞いてみたいと思い，インタビューを快諾してもらった。

　その中で兄のユウスケさんは，「中学時代は野球，高校時代はアメリカンフットボールをやっていて，ハヤトの面倒をみる余力がなかった。」と振り返るとともに，「家では，普通にかわいがってはいたんですけど，正直，弟に興味がなかった。」ということを話してくれた。ハヤトさんに障碍があるから興味がなかったというよりも，両親は，ユウスケさんが野球，アメリカンフットボールをやっていたので，「ハヤトのことは気にしなくていいよ。ユウスケは，自分の好きなことをやりなさい。」という教育方針のもと，ユウスケさんが，自由にスポーツができる環境を作っていたと思われる。ユウスケさんも「今となっては，ありがたかった。」と，当時のことを振り返るとともに，「それでも，ナオトくん（第4節に登場する伊藤さんの長男）の弟さん（中学生と小学生）が，ナオトくんの面倒をみる姿をみると，偉いなと思います。」とも話してくれた。

2．母カナコさんの死

　筆者は，母の死を聞いたとき，父や兄にハヤトさんのことをどのように引き継

いだのかと考えていた。しっかりした方であったので，文章に残し後々父や兄が困らないようにしたのではないかと思っていた。ある時，父にそのことを聞く機会があった。しかし，そういうものが全くなかったということを聞き，逆にどうしてなのかという思いでいた。そのことを聞いてみた。

　ユウスケさんは，「僕も何かあるんじゃないかと思っていたんですけど，なかったのは，たぶん，母の性格の問題じゃないかと思うんです。母の最期の方は，病院でずっと一緒にいたんですけど，父や僕に負担にさせたくないからあえてやらなかったのではないかと思うんです。」と語ってくれた。筆者は，母が亡くなった後，父がいろいろな人に聞きながら悪戦苦闘している姿をみていたので，引き継ぎがあったら助かったのではないかと考えていた。

　ユウスケさんは続けて，「今考えると，僕の考えでは，正直，いらなかったのではないかと思っているんです。母親はもういないので，ハヤトの面倒をみるのは，父親と僕じゃないですか。だったら今度は，父親と自分で作っていけばいいのではないかと。仮に母親が引き継ぎで書いたものが残っていたとしても現在のハヤトの成長には適さないのではないか。」という思いを語ってくれた。

3．母の死〜就職

　ユウスケさんがハヤトさんに「関心」をもつようになったのは，母の死が大きかったと振り返ってくれた。

　ユウスケさんは，「やっぱり，母親が亡くなってから父親と母親の何て言うか，ハヤトに対するずっとやってきた苦労っていうのが，母親が亡くなってから身に沁みました。」と語ってくれた。母は，ナオトくんの母たちと育児サークルを立ち上げたりなど，さまざまな活動を行っていた。それをみていたユウスケさんは，「そういう活動をみていたりしてて，そういうお母さん方がこれだけ自分の息子に，まあ力を入れているのを見たりとかしていて，気付いたのがやっぱり母親の負担がすごいなと。健常者の，2，3倍は辛いんじゃないかと。そういうのが，僕は感じ取れた。」と振り返ってくれた。

　続けて，ユウスケさんが，社会福祉施設に就職をした理由を聞いてみた。ユウスケさんは，「母親が生きていたら社会福祉施設には就職していなかったかもしれない。」ということを話してくれた。「一般企業に就職して，アメリカンフットボールをやりたかったという思いもあったんです。ただ，お恥ずかしい話なのですが，留年をしまして，その時に母親が亡くなりまして，正直言ってもうそんな

こと言っていられないと思って。地元近くで仕事をしようと考えて，今の職場に就職しました。」と説明してくれた。話を聞いていて，父と母が，ハヤトさんを育てた18年間のプロセスをみていて，ユウスケさんなりに感じるものがあり社会福祉施設に就職したのではないかと思われる。

4．ハヤトさんへの思い

　兄としてのハヤトさんへの思いを聞いてみた。兄に面接を実施したとき，ハヤトさんは特別支援学校高等部を卒業し，作業所に通う毎日を過ごしていた。社会人になり，今後どのように成長していってほしいのか，どのような大人になってほしいのかを兄の立場から語ってもらった。

　ユウスケさんは，「たとえば，社会に出たらしっかり仕事して，ちゃんとまじめにやってほしいと思うかもしれないんですが，僕は正直何もないんです。ハヤトが思うままにやってほしいと思ってるんです。」そして，ユウスケさんは続けて，「家にいる時のハヤトと外に出たときのハヤトと全然違うんです。僕が思っている以上にハヤトは立派にやっている。それだったら僕が関与しすぎたらハヤトもストレスになってしまう。最低限のことを言うだけでよいのではないか。だからハヤトの思うままにやればいいのではないかと今は思っています。」と語ってくれた。

　続けてユウスケさんは，「母が亡くなって，ハヤトもショックだったと思うんです。でも亡くなってから，たとえば，iPadでよく遊んでいるんですけど，母がいたときは夜遅くまで遊んでいて，今は『夜遅い寝る』って，自分できちっと行動するんです。以前に母に言われていたことは，今は率先して自分でやるようにもなっています。」と話してくれた。

（菅原伸康）

3　ダウン症の子どもを育てる母親

　この節では，知的障碍でダウン症という診断名は同じものでありながら，ダウン症ということに対する受け止め方が異なった2つのエピソードを紹介したい。

（1）近藤さんの場合

　近藤さん（30代前半）の長男のショウさん（小学生）はダウン症である。近藤さんは，調査当時はシングルマザーであり，介護職として週に4回程度パートとして働いていた。

　近藤さんは，妊娠している時に羊水過多のために，ダウン症の可能性を示唆され，大きな病院を受診した。しかし，その病院で「お母さん大丈夫だよとかって。生まれたら生まれたで，うちで見るからみたいな感じで。そこには1回だけしか行かず，私も頭にほとんどなかったけど，生まれてきてやっぱダウン症だったんだって。そこで知っといて，もしかしてよかったのかな。可能性はなくはないよって言われてたからよかったのかな」と語った。そして，帝王切開で生まれた瞬間に「あ，ダウン症だってわかったの。病院の先生が言うとかじゃなくて，その前に。ちゃんとした検査を受けてみないとあれだから2週間くらいかかるけど，たぶんダウン症だと思うって言われたから，あ，わかりましたみたいな。」と最初からダウン症であったことにショックを受けたり，驚いたりしてはいない。その理由として，「私は小学校の時にダウン症の女の子がいて，小学校1年のときから一緒のクラスにいて，6年生まで一緒のクラスだったんですよ。お世話係みたいな感じで，ずっとついていたので，ダウン症に対して抵抗がなかったっていうか。それからダウンちゃんっていうのは，ある程度わかってたから，反対にダウンちゃんで良かったのかなみたいな。他に障碍があったりしたら，えーってなっちゃっただろうけど，ある程度ダウンちゃんて子を知ってたから，あ，なんかそういうつながりがあったのかって。そうなんかすごく不思議だった」と語った。「生まれた日は悲しかったのかな，ちょっとずっと泣いてたけど。」と語られているが，従来指摘されているような大きなショックを受けているわけではない。

　そして，夫も近藤さんの親も義親もすぐにショウさんを「受け入れられちゃった。旦那さんの方も親戚にいたんだよね，ダウンちゃんが。旦那もある程度，ダ

ウンちゃんっていうのを知ってて。うちの親も，母親も知的障碍の作業所で働いてたから。それも働き始めたのが，子どもを，ショウを生む1か月くらい前に働き始めて。それで，障碍のある子が生まれて，何かつながりがあったんだねみたいな感じになって。親とか向こうのお母さんとかも，あなたたち2人にできてよかったんじゃない？　みたいな。ショウはラッキーだったと思うよみたいなことを言われて，そうだねって思ったら，別に次の日くらいから，普通に。何かそれ以外に，他に病気みたいなのがあって，血小板が少なかったりとか，心臓に穴が開いてたりとか，そっちの方が訳わからない状態で，死んじゃうんじゃないみたいな。ダウン症とかどうでもよくなってたんじゃないかな。」と，ダウン症よりも命に直結する可能性のある心疾患の方を不安に思っていたことがわかる。近藤さんの場合は，小学生時代にダウン症の同級生と関わる経験があったため，ダウン症についてショックや不安という感情をもっていなかった。「私の場合，そうやって接したことがあっただけに，大丈夫かなって。逆に他の障碍だったら，受け入れられてないんじゃないかなとか思うかも」という語りがあるように，近藤さんにとっては，身近に接していたことのあるダウン症であるからこそ，受け入れられたのであろう。

　近藤さんにとってショウさんを育てることは「今でも障碍児をもってるという感じがしないっていうのかな。でも，まあ，普通の子とは違うなっていう部分はあるけど」と言うように，近藤さんの場合は，ダウン症であることへの葛藤は少なく，「障碍のあるショウさん」を育てている感覚ではなく，「ショウさん」を育てていて，そこにダウン症があったという感覚なのであろうと考える。

（2）木村さんの場合

　木村さん（40代前半）には長男（10代後半）とダウン症の長女リコさん（中学生）の2人の子どもがいる。リコさんは，言葉でのコミュニケーションをかなりとることができる。調査当時は近藤さんと同様シングルマザーであった。調査当時，仕事はしていなかったが，リコさんが保育園に行っていた頃はパートタイム勤務をしていた。

　木村さんは出産直後にはリコさんがダウン症であることに気づかず，退院する時に，医師から「ちょっと調べたいことがあるって言われて。私，あんまり気づいてなくって。ちっちゃいなくらいには思ってたけど，なんか調べさせてください，検査させてくださいってことで。その時は詳しいことも聞かず，検査結果が出て，それで（夫とふたりで）聞きましたね。」と語った。そして，その時のことを「何が起こったんだかわからなかったですね。私のイメージだと，ダウン症って高齢出産の方が多いっていう認識だったんで。リコを生んだとき，私20代中盤だったんですね，だからまさか私に？って思いましたね。それがもういちばん強くて。何も考えられなかったですね」と振り返った。パニック，ショック，否認という感情が交錯している。そして，リコさんを拒絶するようになる。

　「パパはどんな障碍があっても，自分たちの子なんだから，育てていこうって言ってくれたんですけど，私的にはどこにも出たくなかったですね。外にも出たくないし。お兄ちゃんが，ちょうど幼稚園だったのかな。幼稚園のバス停まで迎えに行ったり，送りに行ったりしてたんですけど，（リコは）家に置いて行ってました。誰にも見られたくないから。やっぱ，顔つきが，ダウン症だって言われるとそういうふうに見えてきて。見られたらみんなにわかっちゃう，とにかくみんなにわかっちゃいけないって」というように隠したい気持ちが強い。そして，リコさんは3歳で保育園に入園することになる。その時の気持ちは「私，（リコを私から）離したかったんですよ。その頃は自分のそばにいられるのも嫌なくらい，受け入れられなかった。かわいいと思わなかった。今思うと申し訳ないなって思うんですけど（笑）。とにかく，私の手から離れてほしいって思ってましたね。」，「お兄ちゃんはもちろんかわいい。なんかもう，（リコは）施設にでも入れちゃいたいくらいの気持ちでした。」と語った。この気持ちは，リコさんが小学生卒業する頃まで続く。「先が見えない不安と，どうして私に？っていう思いがいちばん強くて。もうそればっかりですね。なんで，こんな障碍をもった子がうちに生まれちゃったんだろうって思うと。かわいんだけど，かわいんですけど，

いなければってやっぱり思うことが。お兄ちゃんだけなら生活が違ってたみたく思っちゃうんですよね。」とリコさんのダウン症を受け入れることが難しい様子が語られた。

　しかし中学生になった現在，リコさんのことを「かわいい。離れたくないですね。」と語った。また，リコさんを隠したいと思っていた気持ちについても「今は，全然ないんですよね。ここ最近ですよ。中学校入ったくらいからかな。全然気にならなくなって，どこにでも連れていくし，見たければみればっていう感じだし。ぬいぐるみが大好きで，あの年なんですけど，どこに行くにも一緒で，話しかけちゃうから見られることも多々あるんですけど，気にならなくなりましたね。」と大きな変化が認められる。木村さんの両親からも「やっとやっと変わったなって。長かったけど，受け入れられるまでになったなと」と言われて，「その変わりようも本物かなって思ってくれてるみたいで。」と語った。

　そのように変化した背景として，現在のパートナーの存在がある。離婚後，付き合いをしていた相手の中には，リコさんがダウン症であるということを言えないままの人もいたが，現在のパートナーは，最初から「まるごと受け入れてくれた。……とにかく付き合い始めて，2人でデートっていうのではなく，常に3人で一緒にいる」。そして，リコさん自身も「すごく，なんていうの，（パートナーのことを）好きっていうのがわかるんです。こっちが言っても，子どもってわかってて，こちらが本気でいかないとなつかないじゃないですか。」と言うように，リコさんとの関係も良好であることが，木村さんにとっては，リコさんと向き合えるようになったことにつながった。そして，リコさんの成長も木村さんの気持ちに大きな影響を与えていた。「最初の頃からは考えられないくらい。でも，どうなんでしょうね。結構，中学生くらいになって，できることも増えてきたし，手がかからなくなったっていうのもあるかもしれないんですけど。結構対等に話もできるようになってきて。なんか，女の子っぽいアイドルの話だったりとか。」また「子育てっていうよりは，対等っていうか，対等ではないんだけど，友達っていうか，子育てしてる感覚はないです。よき理解者みたいな。ちょっと愚痴ったりすると，『うん，わかるよその気持ち』とかね。わかってないと思うんですけどね。おもしろいですよ。そのくせ赤ちゃんみたいなところとかあったり」とリコさんと対等な関係になっていることも大きい。

　そして，親亡き後のことについても過去と現在では変化が語られた。以前は，木村さんの「母親とかにも，成人したら，この子は私の手から離れるんだよとか

ずっと言ってました。グループホームとかに入って。」というように，自分の手から離したくて仕方がなかった。しかし現在では「一緒に死にたい感じです（笑）。一緒に死にたいってそればっかり。どうやって残さずに死ねるか。先に逝かれても困っちゃうし。人に任せられないっていう思いは強くって。今なんて，（リコが）いないのなんて考えられない。」と語り，リコさんとずっと一緒に生活をしたいという気持ちになっていた。

（3）近藤さんと木村さんの受け止め方の差異と共通点

　ショウさんもリコさんも障碍名としては同じダウン症であるが，近藤さんと木村さんのお話をお聴きすると，ダウン症に対する最初の受け入れ方がまったく違うことがわかる。

　近藤さんの場合，ショックなくダウン症であることを受け入れている。その一方で木村さんは，ダウン症について10年以上受け入れることが難しい状況が続いていた。筆者らは，受け入れることがいいと考えているわけではない。同じ診断名であっても，家族の感じ方，受け止め方は多様であるということを認識しておく必要がある。

　共通項として見いだされたのは，ショウさんとリコさんの障碍の程度が重くないがゆえの悩みであった。ダウン症という障碍はあるが，「もう少し，重い子たちは悩みもあるでしょうけど，うちは軽いからいいじゃんなんて言われるけど，軽いのは軽いなりに，軽いけれど，健常ではないじゃないですか。そこがすごくつらい。」という木村さんの語り，また近藤さんの「ショウは（障碍の重さが）悪くもないけど，よくもなくて，ほんとに中間の感じだから，その中間の子たちの行き場を作ってほしい。」という語りからわかるように，障碍の程度としては，

重度でもなく，障碍がないわけでもない中間に位置する状態の悩みがうかがえる。学校選択についても，ふたりとも特別支援学級を選択していたが（リコさんは現在高校生であり，特別支援学校に在籍している），それについても共通の悩みが認められる。リコさんの場合は「本人も結構わかるんですよ。普通級の子と一緒にやりたいっていう思いがあるんだけどできない。わからなければわからないで，そういう思いは出てこないわけじゃないですか。だからどうしてあげるべきなのかなと思って。」と悩んでいる。近藤さんの場合は，「養護学校だと自立的な面が多いし，学校だと自立もみてくれるけど，勉強とかもみてくれるから，それをやって，将来的に働きたいなら，働くに向けて，こういうことが必要だよってやっていく必要があると思うんです。」と特別支援学校と特別支援学級の間のような制度があることを望んでいた。

　以上のように，たとえ診断名は同じだとしても，その受け止め方は多様であるということを忘れてはいけない。しかし，診断名が同じであることで，共通の悩みがある場合もあることがわかる。どのような受け止め方であっても，それは認められるものでなければいけないだろう。

（渡邉照美）

4　ナオトさんをめぐる思い（伊藤さん）

　長男のナオトさんは重度の知的障碍と自閉症がある。母の伊藤さんは40代で，3人の男児の母親である。家族は伊藤さん，夫のタロウさん，長男ナオトさん，ナオトさんの弟2人の計5人。子育てにおいては，夫の協力はほぼ得ることなく，伊藤さんが一人で子育てをきたという感覚を有している。障碍のある子どもが自由に遊べる居場所を作るため，10年ほど前に，育児サークルを立ち上げる。伊藤さんには2年間の間に3回，面接に協力していただいた。ここでは，1回目と3回目の面接での語りを中心に，ナオトさんをめぐる思いとともに，伊藤さん自身について考えてみたい。

（1）ナオトさんの障碍がわかる
　1回目の面接ではナオトさんのことを中心に話を聞いた。診断名がついた時の伊藤さんの気持ちは「発達遅滞ですよってぽーんと診断書が出たときに，あ，や

っぱりかという気持ちと，あーこんなはずじゃなかったっていう気持ちと両方が一気に来たのをよく覚えてるんですけど，あ，やっぱりそうかって。これで合点がいくわっていう部分とあーこんなはずじゃなかった，ひょっとしてどっかでスイッチが入ったら，ぐーんと言葉も出て，うん，どんどんよくなってね，今ちょっと滞ってるだけかもしれないっていう期待とやっぱ両方あったんだなっていうのを思ったんですけど。」とそれまでの育児の中で，なにか違うなと思いながら，「様子をみましょう」と言われ続けていたが，「合点がいく」一方，「こんなはずじゃなかった」という気持ちの両方を感じていた。「帰りの車の中は，私はこう，うん，すごく複雑なない交ぜな感じで，この子はどうなるんだろうっていう感じ。」と複雑な感情を抱えたまま帰路についた。

　診断を聞く時は，夫と一緒だったが，その時のことを夫と話したことはないという。それについて，「結局，何かこう，彼は，こう，変な話，背負わなくてもいいじゃないですか。普段見てるのは私であり，あっちに行くのもこっちに行くのも私であり，受け止めるのも私だけで十分っていう。彼はどう思ってるんだ，でもあんまり関係なさそうだなとかって思ってて。見て見ぬふりも彼はできるんだなって思ってた。期待はしてなかったんですよね。落胆とか，絶望とか，いろんなものを一緒に背負ってっていう。その段階で私は諦めていたのかもしれないしね，一緒にやるってことを。」という語りから，ナオトさんの育児について，伊藤さんは夫と協力するのではなく，役割を分担することで生活することを選択していることがわかる。

　伊藤さんは行動力があり，障碍のある子どもが自由に遊べるところ，母親も周りに気兼ねなく遊ばせるところを作ろうと育児サークル「ひまわり」を立ち上げ，その代表者となった。伊藤さんが住んでいる自治体との交渉も積極的に行い，障碍のある子どもとその家族が少しでも自由に過ごせるようにと尽力していた。信念のある芯の強い人というのが印象であった。しかし，伊藤さん本人は，自分のことをこう語った。「ナオトを生むことになって，障碍児のお母さん代表みたいになっちゃって。まあ，それはそれで肩で風切って歩くっていうかね。一目置かれて，ひまわりの伊藤ですとかって。それで自分の存在価値みたいなのをこう感じる部分もあり。でも，それが，ほんとの私っていうか，そうなのかなって。ほんとはもっとちっちゃい人間でね。ほんとの奥底では，ほんとに傷つきやすいし，人の目は怖いし，人がどう私のことを思ってるのか，いつも気にしてるわけなんですね。自信なんか全くないんです。それを鎧を着て，ひまわりの伊藤ですって

言えば,『ああ,伊藤さん』って言ってくれるから安心している部分がある。」とナオトさんの母親であること,ひまわりの代表であることが自分自身を支えているとも考えているのである。

（2）大切な友人の死と育児サークル10周年

　1回目の面接は,ナオトさんの同級生の母親であり,伊藤さん自身が「相棒」,「友だち」と思っていたカナコさん（第1章2に登場する中村さんの妻でハヤトさんの母）が,病気で亡くなって半年経過した頃であった。育児サークル「ひまわり」が10周年を迎えたところであり,運営していた障碍のある子どものための乗馬教室や水泳教室を他の組織に手放し,その後立ち上げた障碍児のデイサービスも他の組織に渡したころであった。そして2年後,3回目の面接に協力していただいたが,意識の変化についてみていきたい。

1．育児サークルへの思い

　1回目の面接時,「ひまわり」への思いを,次のように語ってくれた。「私は,もともと,仲良しグループで立ち上げたサークルなので,NPOでもなきゃ,一般の団体でもなく,ただ私はサークルだから,仲良しグループで問題点をみんなでなんとかすればいいねって。A市（伊藤さんの居住地）の障碍児福祉をなんとかしようとかそこまで考えてないから。突き詰めれば,自分の子どもさえよければいい,と思ってやってるわけだから。」と自分の子どもために やっていると述べている。そして「うちの（サークルに入っている）メンバーは,私,面倒みるけど,そうじゃない人は面倒みませんよって,（市の障碍福祉に携わる人たちに対して）はっきり言ってるんですね。でも,それじゃあ,ダメだよねとかって言われるけど。」とナオトさんと「ひまわり」のメンバーとその子どもたちのた

めに活動していると語ってくれた。

　子どものため，仲間のためと思って続けてきたサークル活動であるが，伊藤さんの努力で構築していった活動を手放した時期でもあった。それについて，次のように語ってくれた。「なりふり構わず，もう，意地でここまでいたっていうのはあるんですね。陰でバカにされたり，笑われたりしてるもの知ってるんだけど，この野郎って思いながら，反骨精神で，この10年はひまわりのために，私は来たんです。それでいろんなものを作ってきて，それは本当に大変な作業で，やってきたけど，全部手を離す結果になり，うん，まあ，私の中では不本意なところもありますよね。あ，あの人立ち上げた人ねって言われたい気分もあり。……なんかもうここに来て失速してますね。自分はがんばんなくても，やらせりゃいいやっていう感覚になっていて。……私が私がっていう考えは，今はないですね。それよりもうちの方が大変っていうか，自分のことが大変っていうか。うん，少し，自分のことを大事にしたくなってきた。年を取ったんでしょうね。そういう気持ちです。だから，その，メンバーのためにこうしようとか，やっぱどっか，感謝されたい気持ちはあると思うんですよ。でもそれもばからしくなってきたっていうかね。」と，その状況を「やけっぱちの状態」と表現された。第1回目の面接当時，伊藤さんは10年間，ナオトさんのため，またサークルの仲間のためにずっと邁進し続けていたが，がんばりと緊張の糸が切れたような状態であった。

　そして2年後にお話を聞いた時，デイサービスを立ち上げたいという障碍のある子どもの母親とFacebookを通して知り合っていた。その母親は自分の子どもをみるために個別療育の教室をやっているとのことであった。その母親とのやりとりの中で「やっぱり違いっていうのが見えて」きたという。「彼女は，今，自分自身もその障碍児のために療育，個別療育やってる人なんですけど，……今，その自分の療育に自分の子どもも組み込んで，療育のお教室にね，あ，子どももみてるんだって。すごい違和感を感じて。自分の子どもかって。自分の子どものためのデイって，なんとなく，そういうニュアンスを受けた時，そこが違うって思ったんです。私，今，そのさっき話をした，あの特例子会社の誘致とかっていうときも，全くこの人（ナオトさん）のこと考えてない。今ね。……この人を中心にっていうのは考えてなかったし，今自分が何かを立ち上げようと思っても，もちろん（私も）困ってるからね，モデルケースとしてはあれですけど，この子のためにっていう考え方が，今，私はないなってすごく思ったんですよね。」と2年前とは異なり，いろいろな活動を，自分の子どものためにやっているという

思いはなくなったと語った。

2．友人カナコさんの死

　伊藤さんと一緒に育児サークルを立ち上げたカナコさんはがんで闘病の末，亡くなった。第1回面接時，伊藤さんはカナコさんのことを「唯一の友だち」と表現し，友人との死別に混乱していた。「カナコは私の期待していない答えは言わないと思ってたんですよね。すごく，だから都合のいいっていうか，相棒って勝手に思ってて。……本当にそれ友達なのかよっていう感じなんだけど。うん。カナコにしてみたら，全くっていうか，私のこと嫌いだったかもしれないと思うんだけど，私は彼女のこと，好きだったんです。たぶん，好きだって言える人は，彼女しかいない。本当に心から好きっていうか，信頼してたのは，ああ，カナコさんしか私いないんだなって。誰も信じていないっていう中でカナコさんは信じてて，うん，だからいなくなったらどうしようかなって思ってました。」と語った。「最期のお顔を見たんだけど，実感が湧くような湧かないような感じで。でもほんとに自分の中で，本当にいないんだなって確認したのは，ここ（社会福祉協議会の会議室）で話をしてる時。カナコって（呼びかけそうになって），あ，いないんだって。カナコ，どっしよっかっていう投げかけはできない。そういうことをする人がいないっていう時に，ああ，本当にいないんだ，私ひとりなんだなっていうか。なんかそういう感じの時に実感しましたね。」とカナコさんが伊藤さんにとって，どれだけ大切で信頼できる存在であったのかを確認し，本当に物理的には存在しないことを体感していた。

　そして2年後（3回目）の面接の時に，カナコさんについて尋ねてみた。「2年前はつらい状況にあって，カナコさんがいなくなったっていう状況もあって，あの時はそれも頭にありましたからね。今はカナコのこともほとんど思い出さないし。」とカナコさんとの別れを受け入れているように思えた。

（3）きょうだいに対する思い

1．親亡き後のこと

　ナオトさんに障碍があることがわかった当初，伊藤さんは，「きょうだいを山ほど産んで，協力して，この子を見てもらえるように育てていこうと思った。」と語った。そして「障碍があるってわかったんで，次を作ったんですね。だから，あの子（次男）には本当に申し訳ないけど，その宿命の子だと。あとはよろしくねって。」と，親なき後は，きょうだいに面倒をみてもらおうと思っていたことを話してくれた。しかし，ある時，仕事で知り合った作業所の所長からの言葉によって，伊藤さんは，きょうだいにはきょうだいの人生があるんだと気づいたと言う。「きょうだいには何の罪もないしね，きょうだいにはきょうだいの人生があるから。きょうだいに見させようと思ってるでしょって言われて。それは間違ってるよってスパッて言われて。『え？え？』って言ったんですよね。それまでほんとに疑いもなく，きょうだいがみるもんだって，きょうだいにみてもらうって，私は思ってたんだけど，その段階でまだ3歳か4歳かな，次男が。あんた，それは違ってるわよって言われて，きょうだいにはきょうだいの人生があり，逆に，その，本人には本人の人生があるから。本人が本人で生きていけるように育てるのが親の仕事。初めっから親のあなたが決めることじゃないわよって言われて，目が覚めたっていうか，ああ，そうなのかって思ったくらいに愚かな親だったんですね。」と語った。この出来事があってから，「今は面倒みてもらおうとは思ってないです。それこそ，それは私の役目だと思っているから。」，「ナオトのことはいいのよって。責任もたなくていいよって今は言ってあげられるつもりでいるし」ときょうだいには負担をかけないと考えるに至っていた。

　2年後の面接の時，伊藤さんは次男から，「ナオトは大きくなったどうするの？」と問われたと言った。その時，伊藤さんは「あんたたちは，あんたたちの人生を生きればいいのよって言ったら，『ええ？』って。『ナオトはどうすんのよ』って言ったから，たとえば，ナオトのために仕事を決めるとか，ナオトのために，結婚できないとか，そういうふうに思わなくて全然かまわないって言って。そのかわり，あんたは自分の人生，一生懸命やって，ちゃんと勉強もやって，自分の人生，責任取りなさいよって言って。」と語ってくれた。次男は，兄の将来のことを心配しているが，あなたはあなたの人生を生きるようにと明言している。このように，はっきりと母親から，自由な生き方を保障されることは，きょうだい児にとって非常に心強いと考える。

2．次男の子育て

1回目の面接の時，次男のことを「自信がない」と表現した。そして，「自己満足感っていうか，自己肯定感を完成させてあげないことが，どんなに危険かって，私自身がいちばんよくわかってるんだけど，同じことを，私，次男にしてるんですよね。だから，次男はほんとに自信がないし，ほんとにかわいそうだし，ほんとに申し訳ないと思うんだけど，でも優しい言葉をかけてあげられない。でも三男にはできるんですよ，それが。」，「悪いとこばっかりを言ってしまう。私が母に言われたのと同じのをされてるんですよね。」と伊藤さん自身が母親にされたのと同じ育て方をしてしまうと語った。

3回目の面接時には，子どもから大人になりつつある次男に対して，会話を楽しめるようになったと話してくれた。「まあ，冷たい母親であるのは変わらないけど（笑），やりとりを楽しめるようになったんですよね。話が通じるようになった。次男は中学生になったし。彼も大人の方に入ってきて，私の言うことを理解してくれる。共通の話題ができる。愚痴も言える。本当の会話，彼（ナオト）とはできてこなかった会話が初めてできて。ああしろ，こうしろっていう一方通行のやりとりだけじゃなくて，あっちからの『ママ，それは変じゃないの？』というやりとりができるようになったので，私はあの時（第1・2回面接時）よりは苦しくないですね。あの時は苦しかったですね。責めてしまったりだとか，いじわるしてしまったりとか，母に言われたことを言ってしまったりだとか，（次男を）けっこう追い詰めていたんだけど，今は彼も反論してくるし，ある意味大人として見て，話し相手として見ていられるので，親としてのああしろ，こうしろっていうことばかりじゃなくて。」と次男のことをひとりの意思のある人として，適切な距離感をとりながら尊重している様子が見て取れた。

3．障碍のない自分たちの生活

1回目の面接の時，「本当にナオトの育児に疲れてるんですね，きっと，私。いつまでもパンツを洗う生活。うーん，疲れてるんだと思います。下の2人だって，手が離れてきてね，もうトイレだって，自分で行って帰ってくるし，そういう生活ができるのを目の当たりにしてきちゃうと，こっち（ナオト）が普通じゃないっていうのがわかってきますよね。今まで，そっちが普通だと思ってきたから。……もう今は段々手も離れてきつつ，もう下は次，1年生ですから。そういう生活を見てしまうと，あ，こっち（ナオト）が普通じゃないのかと思うと，こ

26

っち（ナオト）の手を離すっていうか
ね。こっち（次男と三男）を守ってや
らなきゃいけないと。都合の良いよう
にですけど。私もこっちの（障碍のな
い）人間だから，こっち側の普通の生
活をするっていうことも大事だなって
思ったんだと思うんですよね。」と
「こっち」という言葉を使いながら，
障碍のあるナオトさんの生活と障碍の
ない自分たちの生活は違うものであり，
自分たちの生活を生きることも大切だと考えるようになっている。

　２年後（３回目）にお話を聞かせてもらった際，自分たちの生活を生きること
を実際に行ったと語ってくれた。「去年（１回目の面接をした翌年）の夏休みに
下２人（次男と三男）と旅行に行ったっていうのは，すごい大きな刺激だったと
いうか。結局，変な話，普通の旅行ってしたことがないんですね。この人（ナオ
ト）がいるから。下の子たちは初めての経験で。やっぱり気ままに買い食いする
とか，緊張感のない旅は初めてで。その時，（ナオトには）すごく申し訳ないけ
ど，普通の生活をこの子たちに保障してやらないといけない。そのためには，か
わいそうだけど，連れては行けないって私の中でも思ったし。」と障碍のない子
どものいる家族であれば当たり前に行えることが，これまで難しかったことを実
感したのである。それと同時に，ナオトさんに対しては罪悪感を抱きながらも，
次男と三男と３人で当たり前の生活をすることの気楽さを感じていた。ある時は，
ナオトさんをショートステイに送った後，伊藤さんと次男，三男の３人で，ファ
ミリーレストランに行き，お昼ご飯を食べた。そして夜の９時頃まで遊んで，翌
日もゆっくりと起きる生活をしたと言う。外食もほとんどしたことがなく，「私
もそうだし，なんか，こんなに，普通の生活が保障される」経験を通して，自分
たちの人生を生きることが保障されてもいいのだと感じるようになっていた。こ
れは，大きな意識の変化である。一方で，ナオトさんを預けて，自分たちは自分
たちの生活をするということに申し訳なさを感じていた。この葛藤が払拭される
ことはなかなかないと考えるが，ナオトさん中心の生活だけではなく，自分たち
中心の生活もあることが健全なことである。伊藤さんは自分自身で，そのような
認識をもつに至っているが，やはり家族だけでケアを続けることがよしとされる

価値観と家族だけでしかケアを続けられない仕組みでは，このような認識をもつことは難しいだろう。

（4）自分を見つめ直す

1．SNSでの自分

　1回目の面接の時，伊藤さんは，「もともと自信のなさは，ひまわり立ち上げとかより，ずっとずっと前からもってました。どっちでいけばいいのかわかんないっていう自分がいて。ちょっと精神的にアンバランス。」「カナコさんがいなくなっちゃって，私，友だち，もういないなくらいに思ってて，ほんとに本音で付き合うっていうか，困ったときに。あの，たとえば，twitter だとか Facebook なんかにも登録はしてるんだけど，お友だち申請とかするのはすごい自信がないんです。」と自分に対する自信のなさを語っていた。ただ最近になって，twitter や Facebook のパスワードを変える時，パスワードを伊藤さん自身を褒める言葉にした。「それを最初に打ったときに，すごい衝撃が走って。私，こういうふうに打ってもいいんだなって。ついひと月前くらいですね。パスワードを変更した時に，今までは，子どもの名前とかね，だったんだけど，私は，たとえば，私はすごいとか，私はおりこうさんとか，そういう文章を打ってみたんです，たまたま思いついて。打った段階で，あ，私こういうふうに打ってもいいんだって，自分ですごいびっくりしたんですけど，バカだなって思ったんだけど，こういう感覚なんだなって，その時思ったんですよね。いかに，自分が自分を認めてないかっていうか。」，「自分で自分を認めてあげられない」と語った。自分自身を肯定しても大丈夫ということを感じながらも，それが難しい状況であった。

　そして2年後の3回目の面接の時，「Facebook やってるんですけど，去年1年間で友達がわーっと増えてきてね，リアルに会う機会がある。いわゆる文字だけの付き合いなんだけど，文字だけの付き合いっていうのが，逆にアイデンティティを見つめ直した1年だったねっていう気がするんです。」と Facebook を通じて自分を見つめ直す機会を得たと語ってくれた。「何十倍っていう広がりができた。人を信じる練習みたいな。逆に切り捨てていく練習も。自分にとって，本当に必要な人って言うか。だから，自分がちゃんとしてないと，見極められないじゃないですか，その辺をする練習をする練習になったなって，去年1年間で感じたんですよね。何か書いたことに反応があって，自分はこんなことばっかり書いてるとか，人はこう反応するとか，自分を見つめる練習だったなって思ってる

んですよね。」と自分の中で苦手であった人を信頼することと，自分自身が何であるのかを見つめる練習になったと言う。「Facebook は私としては非常に有益だったなって。リアルな人づきあいが苦手なので，逆に文字だけの方が，伝えやすいのかもしれない。私自身がかなり変わったんだろうなって。」と自分自身の変化を感じておられた。

2．SNS を利用することの有効性

　伊藤さんにとっては，Facebook が自分を見つめ直す機会として有効に機能していた。SNS 自体が2004年の mixi 登場以降に日本において普及した新しいメディアサービスであり，SNS と育児に関する研究は，まだ数少ないといえる（武市，2014）。しかし，SNS が育児ストレス解消のために有効なツールであるという研究（粕井，2007）や，全般的に不安が高かったり，対人関係について消極的な母親はインターネットを利用した場合には，育児ストレスが緩和されるという研究（小林，2004）がある。障碍のある子どもの母親に視点を移すと，研究はほとんど見当たらないが，水内・島田ら（2018），水内・丹菊ら（2018）は，知的・発達障碍のある子どもの母親におけるソーシャルサポートとしての SNS の有効性を検討している。その結果，子どもが幼児のときは，SNS 上の知り合いをソーシャルサポートとして有効だと知覚している割合が高いもののソーシャルサポートとしての SNS はほとんど有効性のあるものとして知覚されてはいなかった（水内・島田ほか，2018a）。しかし，発達障碍児の保護者に最も共感できるのは同じ立場に置かれた保護者であるとの報告（植田ほか，2016）もあり，上記の結果と合わせると，見た目ではわかりづらい障碍のある子どもをもつ保護者は，直接相談を持ち掛けるよりも，匿名性があり，先輩保護者の生の意見を収集できる SNS で情報収集をする傾向にあるといえる（水内・丹菊ほか，2018b）。SNS は，対面とは違い，匿名性が高いことが多く，興味関心が似ている人とつながりやすいため，直接の知人には話せない悩みやネガティブな思いも素直に吐露できる側面があるだろう。また，保育所・幼稚園や療育施設，学校においては，「○○さんのお母さん」として生活していることが多いが，SNS 上では，個を表現できる可能性が高い。SNS での表出は自分とはこのようなことを考えているのかと自分を客観視できる側面もあり，自分というものを大切にしながら，実生活では母親として生きるというバランスを保つという点においても，SNS は有効であろう。

（5）自分の人生を生きること

　第1回面接時，伊藤さんは，「やっぱり，この子自身が私の人生って思ってた」けれど，「自分の人生を生きたい」とも言われていた。「もうナオトに振り回される生活は嫌だって思うようになってきちゃって。もうナオトはナオトでどっか預けちゃってね。今まではかわいそうでできないって思ってたんです。そんなこともう知るもんかっていうか。私も自分の人生生きたいって思って。」，「障碍児の親なんだけど，うん，なんか，あの，がんばらなくなってきたっていうか。一生，私がこの子を見ていくのは無理ですって言うようになって。」とナオトさんの子育てについて本音を語ってくれた。これまでがんばってきたからこその言葉であろう。またこのように本音を言葉にして出すことは，同じような境遇の母親にとっても心強いと考える。障碍のある子どもの母親はがんばっていなくてはいけない（実際に，がんばらないと育児ができない），施設に預けると言ってはいけないといった不文律があるように感じる。それが本音を言ってもいいんだと思えること，言えることは母親自身のアイデンティティにおいて非常に重要である。

　そして，2年後の3回目の面接のとき，「2年前に自分の人生を生きたいと話されていたが，最近はどうですか」と聞いてみた。「たぶん，わかっていなかったと思います，実感として。理想像みたいなのはあっても，どうしたらいいのか。私の人生っていうのはどういうことなのかが，たぶんわかってなかったと思うんですよね。でも実際に手を離してみて，あ，いないことによって，こんなこともできる，こんな時間ができる。その時（2年前）は預けたりしてませんでしたので，実際にほんとにいない時間に（伊藤さんと次男・三男は）お泊りにいっちゃってっていう，時間の使い方だとか，わかってなかったと思うんですよね。その時は彼が私の付随物としての自分の人生だったと思うんだけど，今は，ああ，それこそ入所もありか，平日は入所させちゃって，週末だけ帰ってくるにしたって，その間は，私は普通の人間としてじゃないけど。普通に飲みに行ってもいいしね，普通の生活ってこういうことかっていうのが，今になって，たぶんビジョンとしてクリアになってきた気はしますけど。」と，ナオトさんとの子離れを意識し，伊藤さん自身の時間も大切にしようと実際に動いている伊藤さんの姿があった。

（6）援助要請能力と外部からの親子の引き離し

　これまで伊藤さんの2年間の変化をみてきた。伊藤さんは2年間で自分自身を大切にすること，アイデンティティを見直すこと，子どもたちへの思い等，大き

な変化が認められた。そこに何があったのか考えてみたい。

　1 回目の面接から 8 か月後，伊藤さんは，荒れたナオトさんを叩いた。そして，それを学校とデイサービスの連絡帳に書いたのである。「何とかしてほしいし，なんていうのか，もう，私の心の叫びじゃないけど，もうどうしていいのか。大変だねって言われて終わるとか，そこまでって思ってないかもしれないけれども，そういうふうに書いたことで気づいてくれた。これ，やばいぞ，本当にやばそうだ」とギリギリの状態であり，周囲もそれに対して，実際に動いたのである。「でも，そこまで（叩くまでの状態）でも出すお母さんはいない」との言葉にあるように，なかなか言い出せないところに，障碍のある子どもの子育ての大変さがあるだろう。障碍のない子どもであれば，大きくなるにつれて，母親の手から離れていき，母親の人生にとって子育ての比重は少なくなる。しかし，障碍のある子どもを育てるということは，多くの場合その比重がいつまでも変わらないか，もしくは年々重くなるのである。伊藤さんの言葉にあるように「大変だねって言われて終わる」ということも多いだろう。ねぎらいの言葉をかけられることは，その時は心を穏やかにしてくれるかもしれないが，実際の生活は言葉だけではどうにもならない。実際に動いてもらうことが必要なのである。伊藤さんは「やっぱり，外からのアプローチで，手を離せ離せって言われた」ことによって，ナオトさんとの適切な距離を考え，また自分自身のことを考えることができるようになった。伊藤さんは，自ら SOS を出しており，そこがすばらしい点である。また，その SOS に対して，周囲が実際に動いたことも忘れてはいけない。

　伊藤さんの 2 年間は，アイデンティティの葛藤と統合の期間だったといえる。育児サークル「ひまわり」の代表，ナオトさんの母親という自分よりも他者との関係における「関係性」のアイデンティティから，伊藤さん自身の「個」のアイデンティティを模索した 2 年間であっただろう。「産んだからには，育てなきゃ，死ぬまで私が面倒みなきゃ。産んだ自分の贖罪じゃないですけど，みんな思ってるんじゃないでしょうかね。」という言葉に示されているように，母親の多くは自責の念を感じている。そして障碍のある子どもに対するサービスの利用，つまりケアの外部化に抵抗を感じる。しかし，伊藤さんは，自分自身の生活も人生もある，他の子どもたち（きょうだいたち）の生活も人生もあるという「個」を中心に据えた生活の大切さに気づくことができた。その要因として，外部からの介入が影響していた。伊藤さんにとっては，ナオトさんの世話で本当に瀬戸際であった時に，伊藤さんが声をあげたこと，それを周囲が見逃さず実際に動いたこと

で，伊藤さんにとって，ナオトさんにとって，そして家族にとって，状況が好転したと考える。ただし，外部からの声や介入が届く時期と届かない時期がある。周囲の者の「待つ」ことと「出る」ことの重要性がみてとれる。また，伊藤さんのように自分で SOS が出せるかどうかは重要であるが，「障碍のある子どもを育てている母親は子どもを自分で育てなければいけない」，「自分の生活は脇においておくべき」という世間だけではなく，自分自身の中での不文律を見つめ直してみることも大切だろう。伊藤さんが語ってくれた本音は，障碍のある子どもを育てている人であれば，多くの人が思っていることであろうと思う。しかし，それを表明することが難しいのが現実であり，このような率直な語りを知ることで，本音を言ってもいいのだと初めて思った人もいることだろう。その意味においても，伊藤さんの語りは，非常に有益な示唆を与えてくれたものだった。

（渡邉照美）

引用・参考文献

粕井みづほ　2007　育児におけるストレス・コーピング SNS の利用について　畿央大学紀要，6，1-8.

小林真　2004　インターネットの利用が母親の育児ストレスに及ぼす緩和効果　富山大学教育学部紀要，58，85-92.

水内豊和・島田明子・佐藤克美・小嶋秀樹・渡部信一　2018　知的・発達障害児をもつ母親におけるソーシャルサポートとしての SNS の有効性（1）—他のソーシャルサポート源との比較から—　とやま発達福祉学年報，9，15-19.

水内豊和・丹菊美晴・佐藤克美・渡部信一　2018　知的・発達障害児をもつ母親におけるソーシャルサポートとしての SNS の有効性（2）—SNS の機能からみた利活用の実態—　富山大学人間発達科学部紀要，13，147-153.

中根允文・岡崎祐士・藤原妙子　1994　ICD-10精神および行動の障碍—DCR 研究用診断基準—　医学書院.

菅原伸康・渡邉照美　2016　障碍の重い子どもの「授業再考」—教育的係わり合いにおける実践事例からの考察—　教育学論究，8，73-81.

菅原伸康（編）　2011　特別支援教育を学ぶ人へ—教育者の地平—　ミネルヴァ書房.

高橋三郎・大野裕監訳　2014　DSM-5　精神疾患の診断・統計マニュアル　医学書院.

武市久美　2014　子育てにおける SNS 利用について—「ママ友」コミュニケーションに着目して—　東海学園大学研究紀要人文科学研究編，19，79-89.

植田愛子・小野次朗・古井克憲・武田鉄郎　2016　発達障害のある子どもをもつ保護者支援のあり方—エピソード記述の手法を通して—　和歌山大学教育学部紀要　教育科学，66，43-50.

第 2 章

肢体不自由の子どもの家族

1 肢体不自由とは

（1）肢体不自由の定義

　肢体不自由についてはさまざまな定義があるが，ここでは文部科学省の教育支援資料における定義を紹介する。

　肢体不自由とは，身体の動きに関する器官が，病気やけがで損なわれ，歩行や筆記などの日常生活動作が困難な状態をいう。肢体不自由の程度は，一人一人異なっているため，その把握に当たっては，学習上又は生活上どのような困難があるのか，それは補助的手段の活用によってどの程度軽減されるのか，といった観点から行うことが必要である。

（教育支援資料，文部科学省初等中等教育局特別支援教育課，平成25年10月）

つまり，肢体不自由とは，

◆生活や学習に関する運動や姿勢が困難であること

◆子どもの状態により，様々な程度の困難があること

◆実態把握にあたっては，支援・指導などによって困難がどの程度軽減されるのかという観点が重要であること

　◆子どもの状態により，様々な身体部位における困難があること

　◆子どもの状態により，様々な医学的原因があること

をあげることができる。

　次に，肢体不自由について述べた法律の中から身体障害者福祉法と学校教育法の2つについて紹介する。

　身体障害者福祉法（最終改正：平成26年6月13日）の第4条では，「この法律において，「身体障害者」とは，別表に掲げる身体上の障害がある18歳以上の者であって，都道府県知事から身体障害者手帳の交付を受けたものをいう。」と述べている。以下に別表の肢体不自由の内容を引用する。

1　一上肢，一下肢又は体幹の機能の著しい障害で，永続するもの

2　一上肢のおや指を指骨間関節以上で欠くもの又はひとさし指を含めて一上肢の二指以上をそれぞれ第一指骨間関節以上で欠くもの

> 3　一下肢をリスフラン関節以上で欠くもの
> 4　両下肢のすべての指を欠くもの
> 5　一上肢のおや指の機能の著しい障害又はひとさし指を含めて一上肢の三指以上
> 　の機能の著しい障害で，永続するもの
> 6　1から5までに掲げるもののほか，その程度が1から5までに掲げる障害の程
> 　度以上であると認められる障害

　学校教育法（最終改正：平成26年6月27日）の第72条では，「特別支援学校は，視覚障害者，聴覚障害者，知的障害者，肢体不自由者又は病弱者（身体虚弱者を含む。以下同じ。）に対して，幼稚園，小学校，中学校又は高等学校に準ずる教育を施すとともに，障害による学習上又は生活上の困難を克服し自立を図るために必要な知識技能を授けることを目的とする。」と述べている。さらに，第75条で「第72条に規定する視覚障害者，聴覚障害者，知的障害者，肢体不自由者又は病弱者の障害の程度は，政令で定める。」と述べている。

　そこで，学校教育法施行令（最終改正：平成25年8月26日）を見てみると，第22条の3において「法第75条の政令で定める視覚障害者，聴覚障害者，知的障害者，肢体不自由者又は病弱者の障害の程度は，次の表に掲げるとおりとする。」と記載されている。以下に表の肢体不自由の内容を引用する。

> 区分：肢体不自由者
> 障害の程度：
> 一．　肢体不自由の状態が補装具の使用によっても歩行，筆記等日常生活における
> 　基本的な動作が不可能又は困難な程度のもの
> 二．　肢体不自由の状態が前号に掲げる程度に達しないもののうち，常時の医学的
> 　観察指導を必要とする程度のもの

ここでは，肢体不自由の障碍として，脳性麻痺と筋ジストロフィーを紹介することとする。

（2）脳性麻痺

　受胎から生後4週以内の間に，何らかの原因で受けた脳損傷の結果，姿勢・運動面に異常をきたしたものを，脳性麻痺といい，いくつかの型に分けられる。筋がつっぱる痙性運動麻痺を示す「痙直型」や，ゆっくりねじるような，あるいは不随意運動を示す「アテトーゼ型」が一般的である。自分で歩ける状態から車いすが必要な状態まで，移動機能や手指機能の障碍には個人差がある。

　また，脳性麻痺の定義には，知的障碍は含まない。脳の障碍であるため，知的障碍を合併していることもあるが，知的障碍を伴わない脳性麻痺の子どももいる。

　脳性麻痺の原因としては，妊娠出産時の低酸素脳症が指摘されているが，その割合は15％程度といわれている。低酸素脳症というのは出産時に何らかの原因で，赤ちゃんの脳に酸素が十分に供給されなかった場合に起こるが，これだけが脳性麻痺の原因であるかのように誤解されていることがあると思われる。難産であったり，赤ちゃんの体重がとても軽かったりすることが，脳性麻痺の発生と関連があるとされるが，全く問題ない出産でも，脳性麻痺になることも少なくない。

1．上　　肢

　両上肢の障碍か片側の障碍かによって，あるいは上肢のどの部分の障碍かなどによって，生活上の困難が異なる。欠損だけでなく，まひや萎縮などによって物の操作が困難な人もいるため，外見上の障碍はなくとも，思うようにコップやペンを持てない，力が入らないなどの困難を示す人もいる。

　小学生の段階から機器操作やドアや鍵の開閉，荷物の持ち運び，食事などの面で支援・指導が必要となり，特に両上肢に障碍がある場合には，支援・指導する場面が多くなる。体育など，困難が見込まれると考えられる場合には，本人と関係者が話し合いをして支援・指導することが望まれる。定期試験時などの配慮は，学習時の配慮に準じることとなる。筆記解答が困難な場合は，パソコンによる解答などの対応を含めて検討することが必要である。

2．下　　肢

●杖や義肢等補装具の利用

　体幹や上肢，下肢それぞれの状態に応じて杖や義肢などを使用する。上肢や体幹の支える力がどの程度あるかなどによって違ってくる。

　移動や施設の利用，段差・溝，電車・バス，通学などの面で，支援・指導が必要となる。車いす利用者よりも段差などのバリアとなるものは少ないものの，困難さは人によって大きく異なることを考えて，支援・指導に当たらなくてはいけない。また，授業間の移動などを含め，素早く長距離の移動を行なう際には難しいことがあるので，授業計画や教室配置などを確認する必要がある。

●手動車いす利用

　下肢が不自由で歩けない人だけでなく，少し歩けても長距離移動など困難な人も車いすを使う必要がある。上肢とそれを支える体幹の力が十分な人は手動車いすとなる。

　車いす利用者の困難は，段差や斜面，机の高さが違う，空間が十分確保されていないことなどによって生じることが多くある。移動や部屋の入退室・利用，エレベーター，段差・溝，電車・バス，通学等の面で，支援・指導が必要となる。利用の想定される教室などについては，車いす利用を前提としてあらかじめ整備する必要がある。たとえば，室内での机の調整や他の児童・生徒との動線交差が少ない配置を検討することで，子どものリスク軽減を図りつつ授業に参加させることが可能となる。

　屋外移動については，主な移動経路の動線確保を手始めに，範囲を広げていく。設備改修を含む大きな課題は入学前から検討することが必要である。しかし，入学後に改めて行動範囲や動線に沿った課題の確認が必要となることがある。なお，傘をさせないため，雨天時の屋外移動に困難があり，上肢に障碍のある人は，独力で合羽を着ることも難しいかもしれない。また雨の中，車いすを操作することは容易ではない。

　トイレや床ずれの配慮が必要なこともある。また，部屋のドア開閉が困難な場合があることにも留意する必要がある。

（3）筋ジストロフィー

　筋そのものが衰え萎縮していく病気で，いくつかの型がある。最も多い「デュ

シェンヌ型」は，症状が進んで15歳頃には要全介助となり，さらには人工呼吸器が必要になることが多くみられる。

　筋力が低下するため，筋ジストロフィーでは主に運動機能の低下がみられるが，進行の速さや重症度は，病型によって大きく異なる。発生頻度がもっとも高いデュシェンヌ型筋ジストロフィーの場合，幼児期に発症し，5〜6歳までは運動機能が発達するが，その後は徐々に筋力低下が進み，無治療の場合，10歳前後で歩くことができなくなることがほとんどである。

　一方，デュシェンヌ型筋ジストロフィーと同じ遺伝子の変異で発症するベッカー型筋ジストロフィーは，症状が軽い場合が多く，筋力低下の進行も遅いといわれている。なかには，成人になっても筋力低下がほとんどみられないケースもある。

　新生児期あるいは乳児期に発症する福山型先天性筋ジストロフィーの場合，運動機能障碍の程度は重く，座れるようになる例は多いものの，歩けるようになることはまれだといわれている。3〜4歳まではゆっくりと運動機能が発達するが，その後は退行が進み，起き上がることができなくなる。

１．原　　因
　1986年にデュシェンヌ型の遺伝子異常が見つかり，この遺伝子がつくるジストロフィンも明らかにされた。このジストロフィンは，正常では筋肉細胞の膜の内側に存在している。その後，ジストロフィンと関連している膜蛋白質がたくさん見つかり，それらのうち，いくつかの蛋白質の異常や欠損により，筋細胞中のいろいろな筋ジストロフィーが発症することが解明された。さらに，その後の研究により，ほかの場所にある蛋白質の異常でも筋ジストロフィーを発症することもわかってきた。

　デュシェンヌ型と良性型のベッカー型は，同じ遺伝子の異常で発生し，良性型のベッカー型は，遺伝子の障碍の性質が違うため軽症となる。

　遺伝子の異常は，筋強直型を除けば遺伝子の一部が欠けたり，遺伝子が余分にあったり，一部が置き換えられるなどの異常がみられる。ただし，顔面肩甲上腕型は違うメカニズムで発症するということもわかっている。肢帯型は従来，常染色体劣性遺伝疾患とされてきたが，常染色体優性型も発見され，最近は先天型の遺伝子異常の研究がさかんに行われている。

2. 合 併 症

　骨格筋が障碍されると，運動機能の低下だけでなく，関節の拘縮や変形，呼吸機能の低下，咀嚼・嚥下機能の低下，表情の乏しさなども引き起こす。こうした機能の低下は，さらに骨粗しょう症や呼吸不全，誤嚥，栄養障碍などのさまざまな合併症につながっていく。

　また，病気が進行すると，骨格筋に加えて心筋や平滑筋も障碍されるため，心不全や不整脈，便秘などの胃腸の機能障碍が現れる。病型によっては，骨格筋障碍が軽度でも，ほかの機能障碍がみられる場合がある。ベッカー型筋ジストロフィーでは，運動機能や呼吸機能は保たれているにもかかわらず，心機能障碍が進行し，不整脈や心不全が死因となることが少なくない。

　全身に多彩な合併症が生じる筋強直性ジストロフィーでは，運動機能障碍よりも先に合併症が現れることがあり，脳性麻痺や注意欠陥多動性障碍などと誤診されることがある。

　筋ジストロフィーの根本的な治療法はまだないため，運動機能障碍に対しては，リハビリテーションを行い，機能を維持することが重要になる。側弯が進行すると，座る姿勢をとるのが難しくなり，日常生活が不自由になるため，手術を行うこともある。また，呼吸機能や心機能を定期的に調べ，適切な時期に人工呼吸療法や心機能障碍に対する薬物療法などを行うこともある。

3. 支援の考え方

① 学習全般について

　病気の進行に伴い，鉛筆や消しゴム，定規などを上手く使用することが困難になってくる。また，黒板の文字をノートに写したり，作業したりするのに時間がかかり，学習が遅れがちになってくる。そのために教育的支援や個別学習を行うなどの支援・指導が必要となってくる。子どもは，支援されるだけ  では，依頼心が強くなり主体的に動くことが少なくなったりするため，子どもには自分でできることは自分でさせ，必要な支援・指導については，子どもから教師に直接依頼させるように支援・指導することが大切である。社会に出てから，自分がやりたいことを実行するためには，教師の力はなくてはならないことも多くなる。そのためには自分の意思を的確に教師に伝える力がとても大切になって

くる。また，自分が考え，工夫する体験をさせることも大切であり，自分が考えて実行したことが成功することで，子どもは達成感を味わい，自信をもつことができ，次の活動への原動力となるといえる。

② 体育について

　授業で問題となってくるのが，体育である。今の筋力を維持するために適度な運動は必要で，さまざまな機会をとおして体を動かすことは大切であるが，体に過度の負担がかかったり，本人が頑張りすぎたりして，後に疲労が残るような運動は筋肉を痛めることになる。疲労の有無を子どもに確認して，必要に応じて休ませることも考えなくてはならない。無理に他の子どもと同じ活動をさせるのではなく，本人の実態に応じた活動内容を考えることが必要である。水泳は，重力による負担が少ないことから，本人が意識して体を動かすことが比較的行いやすいが，水泳を指導するに当たっては，必ず主治医と相談して決めることが大切である。

③ 身体的配慮について

　教師は子どもの心を支えるという視点に立って，病気の進行状況に応じて，支援・指導するタイミングを計ったり，子どもの言葉を通して本人のもつ不便さを理解したりすることが大切である。病気の型によっても，また子どもの状態によって，病気の進行に差があるので，一人一人の子どもの病状に応じて支援・指導の時期や支援・指導の内容を考える必要がある。

④ 学校生活環境を整えること

　歩行が不安定になると，たった1cmの段差につまずいたり，車いすで移動する時には，1cmの段差で進めなくなったりすることがある。そのため，段差をなくすためにスロープを準備したり，廊下や教室などは移動や学習活動の妨げとなるような物をなくし，なるべくすっきりとした空間を作ったりする必要がある。また，歩行が不安定な場合は，廊下に手すりがあると安心して移動することができる。教室間の移動については，できる限り別の階への移動がないように教室の配置を考えたり，エレベーターなどを設置したりすることも必要となる。

　トイレや靴箱等に関しても少し工夫するだけで，子どもにとっては使いやすいものとなる。トイレについては洋式トイレの方が子どもへの負担が少ないため，

洋式トイレの設置が望ましく，立位がとれる男子の場合は男子用トイレに手すりがあると安定して用が足せる。靴を履き替える時には，靴箱の高さにも配慮し，中段付近にして取りやすくしたり，靴箱の近くにイスを置き，それに座ってくつを履き替えることにより負担を軽減したりすることができる。

（菅原伸康）

2　リクさんをめぐる思い（沢田さん親子）

　リクさんは両親と姉の4人家族。リクさんは，重症仮死産による低酸素脳症で生まれ，現在は医療的ケアを必要とし，寝たきりの状態で施設に通っている。調査当時，父は50代後半で公務員。母は40代後半で専業主婦。姉は大学生である。この節では，リクさんをめぐる思いを母と姉の視点から紹介したい。

（1）姉ユキさんの思い
1．特別支援学校教諭を目指した理由
　ユキさんは筆者の研究室で2年間学んでいた学生である。インタビュー当時，すでにある県の教員採用試験に合格し特別支援学校教諭になることが決まっていた。その中で，ユキさんが特別支援学校教諭を目指した理由を聞いてみた。

　ユキさんは，「元々小学生のときは，小学校の先生になりたかったんですよ。それはたぶん，先生が丸つけしていたり，教えていることに単純に興味をもっていたというか，で，なんか友達同士で教えあいっことかするじゃないですか，それが好きで，教えることがたぶん好きで，小学校の先生になりたかったんですよ。で，だんだんわかっていくじゃないですか，弟のこととか，わかってきたら，何

となく，そっちの方に。私は意識してないんですけど，たぶん母親も言ってたと思うんですよ。それで，多分そっちの方に，こうだんだん移行していったのかなと思います。」と語ってくれた。母親から，直接的に特別支援学校の先生になるように進められたことはなかったが，「親を見ていてというよりは，弟の学校の先生の様子を聞いたり，弟の変化（成長）がみえてきたり，3回生からはじめた特別支援学校でのボランティアに行きだし，こっちのほうが合っているかなと思いました。」と続けて話してくれた。

　ユキさんは，現在，特別支援学校教諭となり，5年目である。知的に障碍のある子どもや自閉症スペクトラムの子どもたちに寄り添い，教諭として成長し続けている。

2．リクさんへの思い

　ユキさんにリクさんの障碍のことを，親からどのように話されたのかを聞いてみた。ユキさんは，「その，ユキの弟はこうでこうでこうだから，こうしてとか，そういうのはたぶんなかったですよ。記憶の中でその，ないですね，大学生になって，私が特別支援学校の先生になりたいと思い出してからは，そういう話もするようになったと思うんですけど，それまでは特に，しなかったと思います。」と語り，続けて，「特に何か，第三者から何か言われたり，その，そういうことがなかったんで，特別その，母親に弟のことでいったりとかもしなかったです。後から，そういう話をする機会がなかったというか，特に普通に，私の弟はこれ！　みたいな感じで。普通に過ごしていました。」と当時のことを振り返ってくれた。毎日の生活の中で自然に弟のことを受け入れていったということがわかる。

　その中で，「多分小学校のときの友達は，弟はいるってことは知っていても，障碍があるってことは知らなかったり，私の母親とつながりがある母親の子どもと私の友達だけは知ってるみたいな感じで，特に知りませんでしたね。友達とかは。」と語り，続けて「言い出しにくいというか，言っても，なんかわかってくれない，知識が向こうはないだろうということで，たぶん小学生のときに，なんとなく言えずにいた，みたいな感じです。きょうだいの話にとかなったときは，話の流れを止めてまで言わなくていいかな，と思って，適当に合わせるとかで，中高までは言ってました。」と語ってくれた。大学生になり，教育学部に在籍していたこともあるのか，「たぶんなんか自然と，気が合うというか，この子やったらまぁ言ってもいいか，みたいな感じを，なんとなく自分で思って，たぶん普

通に言ってるのかなって思います。」と語ってくれた。

　筆者の「弟のことが大好き？」の質問には，ユキさんは素直に「好きですね。」と答え，「その気持ちってずっとそういう気持ち？　ちっちゃいときから？」の質問には，「最近よく思うんですけど，最近なんか特に好きなような気がしてて，私，昔からこんなんやったかなって思うんですけど，たぶん増していってる気はしなくもないというか。」とも答えてくれた。

　ユキさんにとって，リクさんは，ある意味癒しの存在になっていると思われる。

3．ユキさんの人生

　ユキさんに今後の人生設計について語ってもらった。ユキさんは，「とりあえず4月から一人暮しして，たまには実家というか，今の家の方にも戻りたいというか，まぁちょこちょこ帰りたいと思っています。でも，はじめの方は忙しいやろうなっていうので，多分自分いっぱいいっぱいやろうなっていうのしか考えてないです。そんな人生設計まで考えてないです。30歳ぐらいまでには結婚したいな，とは思いますけど，本当にそれぐらいしか思ってないです。」と語ってくれた。その中でリクさんのことをどのように考えているのかを聞いてみた。ユキさんは，「母親がいなくなったときにどうするとかいう話もするんですけど，すごく軽い感じで母はもうそんなん，リクは預けて，あんたはあんたで生活しい。で，たまに会いに行ってくれたらいいわっていうんですけど，まぁ，それはそれでいいのかなって私も思っていて，ま，たまに会いに行こうかなってぐらいで，そうですね。それぐらいの感じで思っています。」と話をしてくれた。筆者は，自分で抱えようと思ったことはこれまでにないのかを聞いてみた。ユキさんは，「あんまりないかもしれません。母がそう言ってくれているので，そんなに深く昔から考えなかったんやと思いますし，今もそうやって言ってくれるんで。」と正直な気持ちを語ってくれた。

　また，結婚相手を選ぶときの条件を聞いてみた。ユキさんは，「そこはやっぱ

りちょっと，（リクさんを）受け入れてくれるっていうか，言うときに，慎重に言わなくちゃいけないなっていうのは思います。」と語り，筆者の「ユキさんの気持ちが，完全にもうこの人しかいないってなった場合，たとえば，その人が嫌だって言ったらどうする。」の問いに，ユキさんは，「やっぱりそんだけ好きやのに，（リクさんの存在で）えっ，てなるくらいの人やったら，やっぱり違うと思います。」とも語ってくれた。

（菅原伸康）

（２）沢田さん（ユキさんとリクさんの母）の思い

１．リクさんの誕生

　リクさんが誕生した時のことを，沢田さんは，「重症仮死産なので，尋常ではない状況でした。ユキも一応臨時蘇生してるんですけど，その時とは全く様子が違ったんで。ドクターと助産婦さんが臨時蘇生ですよね，心肺蘇生して，１時間ぐらい過ぎて，もう私なんかほったらかしで，結局は１時間くらいしたら痙攣を起こしだしたので，そのまま近場の国立病院に行って。でもまぁ，産婦人科の先生からは具体的に障碍の話はなかったんですけど。５日で退院して，私がその話で担当の先生から，まぁこういう状況です，っていうお話をしてもらいました。」と振り返ってくれた。当時リクさんの誕生でご主人と話し合いをされたかを聞いてみた。沢田さんは，「話し合ったことは，なかったですね。私は夜１人になるとどーんと落ちてましたけど，二人では何もなくここまで来てますね。将来どうするとか話し合ったこともないですね。ともかく，いけるところまでいこうって思ってました。」と話され，続けて「今日はリクが１日家にいますよ。誰かが必ずリクと一緒に家にいなくちゃダメですよね。まず主人が，おまえ今日のスケジュールないのかっていうので，私今日はここからここまで出かけたいって言ったら，ほんだら俺はここまで出かけてもええかっていう感じで。だんだんと役割分担ができてきて，私も息子のことに関していろいろわかってきて。こうすればこうや，このときはこうや，とかわかってきてだいぶ落ち着いてきましたね。」と語ってくれた。その中で，嬉しかったこととして，「家に帰って来たときですかね。抱いて，家に帰って入った時は，あぁ，やっと帰って来たと思いましたね。そのあとまぁ，熟睡したんですけど。あと，あっ笑った，と思ったとき嬉しいですね。初めて笑ったとき。結構日々，面白いことはありますね。重度やからこそ，そんなに大っきな喜びはないんですけど，なんかちょっとしたことが嬉しい。」

と語ってくれた。

2．リクさんの子育て

　リクさんの子育てに，余裕がなかったという話をしてくれた。沢田さんは，「時間的に全部決まってくるんですよね。何時ミルク，何時クスリまた何時ミルク，何時クスリって。それがちっさいときなんか3時間おきに来る。それでもうきっちり時間通りにしようと思うと，それに追われて寝る時間も取れない。吸引も頻繁にしないといけないし。それでなんか余裕がなかったんでしょうね。ある程度こっちもだんだん要領わかってくるし，手の抜きどころもわかってくるし。それで本人もだんだん入院しなくなってきたんですよ。家で落ち着いて生活できるようになったんです。」と語ってくれた。話の中で，リクさんの入院のことも聞いてみた。沢田さんは，「月2回とかですかね。退院してしばらくたったらまた入院。喘息性気管支炎なんですけど，それがだんだん少なくなってきて小学校の間は1回しか入院してないですね。去年年末に8年ぶりぐらいに入院しましたけど。」と語ってくれた。

3．ユキさんの子育て

　姉ユキさんの子育てについても聞いてみた。沢田さんは，「私は意識的にユキとリクは全く別環境で育てました。やっぱり，ユキがリクのことでなんか言われたりするのはかわいそうやと思ったんで，あえてほとんど一緒に出かけることはなかったです。まぁお友達は来ることはありましたけど，はい，ほとんど一緒にはないですね。」と語ってくれた。家の中では，「家の中では一緒，私がすることはやっぱり小っちゃいときから見てますから同じように一緒ですね。可愛いのはすごく可愛がってました。どっちかというと高校生，18歳の男の子を可愛いがる

ような可愛がり方じゃやっぱりない。」とも語ってくれた。たとえばまだ小さかった時，4歳しか離れていないので，4歳のときリクさんを見て，ユキさんは，「ちっちゃいときはわかってなかったみたいで，でもチューブをしているので，お友達が来たらこれ何っていうことを聞くんですよ。やっぱりだんだんユキもわかってきますよね。自分の弟は違うって，そうしたらなんでリクはこうなったんやろうっていうのは聞いてきましたね。」と振り返ってくれた。

　ユキさんが特別支援学校教諭になることは，沢田さんが誘導したと語ってくれた。

（菅原伸康）

（3）障碍のある息子と障碍のない娘に対する母親の考え

　前述した通り，沢田さんは，意識的にユキさんとリクさんを別の環境で育てている。この点について，もう少し掘り下げてみたい。

1．リクさんの障碍についての母親の心理

　保育器の前で障碍を伝えられた時，「まぁ言葉でいえば，やばいなって。あんなに蘇生に時間がかかって，素人の目からでも大丈夫なのかなって思ったんですけど，予想以上な感じでした。」，「私は夜1人になるとどーんと落ちてましたけど。」という語りから，かなりの〈ショック〉を受けていることがわかる。そして，「よう育てやんと思いました。障碍児は無理やと思いましたね。」と〈障碍児は育てられない〉という思いになっている。ただ，「1歳ぐらいまでは，まだ何とかなるんちゃうかっていう希望があったんですよ。やっぱりもともとは，お腹の中では元気な子やったっていうのもあるし。」と〈希望〉をもっていた。「でも1歳になってしばらくたって肺炎を起こしてひきつけ，痙攣を起こして，そこでもう一度ずどーんと落ちたんですね。それである意味あきらめたというか。もう，どないもならへんな，という感じになったんですけれども。でも，そっから今（1歳）まで必死できたんが，ある意味あきらめて，仕方ないなと，何とかやっていくしかないんで。」と〈ショック〉と〈諦念〉を感じている。そして，障碍のある子どもとともに生きていくという〈覚悟〉をしている。障碍のある子どもを出産後，経験するとされる心理状況を経験していることがわかる。

　そして現在，「昔のビデオとか見ると，意外と楽しそうなんですよ。自分としてはしんどかったんですけど，あっ，意外と楽しそうやなって。」，「ユキは，私，

46

見てて,『お母さん人生楽しそうや』って言うんで。あぁ,私,辛そうに見えてないんやって。」,「辛いことも多かったんですけど,まぁ多かったなぐらいの感じで,今は。」と振り返った。障碍の診断後感じていた「障碍児は無理」という気持ちは,今はどうなったのだろうか。そのことについて聞いてみた。そうすると,「ないことはない。今もあります。行ったり来たりなんですけど,昔ほど落ちることはない。夫婦ってね,私も行ったり来たりはあるんですよ。でも主人が落ちてきたら私は上がるんで,二人して落ちることはなかったんで,それは良かったですね。」と夫婦でうまくバランスがとれていることがわかる。気分が落ちるきっかけがあるのかを尋ねると「別に(ない)。リクに何かあったからとかじゃない。ただ,お互い(私と夫)がいなければリクを育てていくことはできないので,リクはかすがい。ユキだけではかすがいにはならないけども,ユキと私だけだったら(母子だけでも)何とか生きていけるけど,リクがいると,やっぱり夫婦として,可愛がってます。」と語るように,4人がいて家族であるという家族アイデンティティが形成されていた。

2．リクさんとユキさんの子育ての違い

　上述の「(2)-2．リクさんの子育て」にもあるように,リクさんの子育てに余裕はなかった。「1歳のときかわいかったとかそんな記憶もないぐらい。ほんとはね,一番かわいい時期やのにね。写真見ても今よりずっとかわいいのに余裕がなくて。」,「あんまり情が薄かった。一生懸命,ほんと必死でやってきました。」,「母親というよりかは,最初は時間通りに作業をこなしていくって感じでしたね。きちっと。」との語りが示すように,「必死の子育て」を行っており,情緒的な絆を築く以前に,生命を維持していくことに重きが置かれている。そのような中,リクさんは1歳の時に熱性痙攣を起こし,医師から「覚悟しなさい,お母さん今回は覚悟しなさい。」と言われた。幸いに早く回復し,「でもそれをきっかけに,かわいさは増しましたね。改めて,死なれたら困る」と思ったという。

　一方,リクさんが生まれる前のユキさんの子育てについては,「リクには悪いですけど,やっぱりユキの子育ては楽しかったなあと思いますね」と言い,「いきなり障碍児のお母さんしている人は立派やと思います。やっぱり,ユキで練習させてもらった。子どもは可愛いっていうのを十分に叩き込んでからのリクだったので。第1子がリクだったらだいぶ違う。たぶん第2子は産んでない,次の子は。」と語った。障碍のある子どもが生まれた場合,次子をどうするのかという

問題はしばしば指摘されるが，その課題がここにあらわれているといえよう。

　ユキさんとリクさんの子育ては「圧倒的に違うでしょうね。だいたいリクが10歳になって私の時間は，もう１：９でリクのためにあるようなもんだと思ってましたから。」とリクさんのために時間を割いていることがわかる。ただし，そのように語りながらも，「私の障碍児関係のお友達は，私はユキにいろいろしすぎやって言いましたね。そんなんほっといたらええねんとか言って。でもちっさいときからそうやって育ててるんで，やらないわけにはいかない。」とユキさんのためにも，多くの手と心をかけていることがわかる。「ユキは第１子なんで，上が障碍児で，次の子，よりは全然（愛情をかけられた）。上に障碍児の子がいる親たちに聞いてたらかわいそうですよね。」とユキさんが第１子であったことで，愛情をたくさん与えることができたと意味づけをしている。

　ここで重要なことは，第１子として生まれたから幸せ，第２子，第３子といった次子であるから不幸ということではない。親が子どもに対し，愛情をかけられたかどうかについて，どのようにとらえているのかが重要なのである。しかし，その思いを子どもであるユキさんがどうとらえているのかも非常に重要である。母の思いがユキさんに伝わっているのか，もしくはズレが生じているのかをみていきたい。

（渡邉照美）

（4）ユキさんと沢田さんの意識の共通性とズレ

　ユキさんは，地元の公立中学校には進学せず，私立中学校に進学している。これには，沢田さんがリクさんとは別の環境で育てるという意図のもと，私立中学校に進学するように勧めていたことが関係している。そのことについて，筆者が「意図していたことがわかっていたのかどうか」を尋ねると，ユキさんは「わかってないです。今（面接時）初めて聞いて，あ，ちゃんと意識してそうしてくれてたんやって思いました」と語った。ユキさんは母親の意図に気づいてはいなかった。ここに親子間の意識のズレがある。しかし，このエピソードでは「ちゃんと意識してそうしてくれてた」という言葉にみてとれるように，私立中学校に進学したことをユキさんは肯定的に受けとめており，意識のズレがあっても，それが功を奏している。

　先述した「（1）－１．特別支援学校教諭を目指した理由」（p.41）で，ユキさんは，元々小学校の先生になりたかったが，弟の障碍がわかってからは，ユキさん

自身は意識をしていないが，母親は特別支援学校の教員になるよう方向づけていたと語った。そのことについて，沢田さんは「私は（特別支援学校の先生に）なってほしかったんです。私の，なってほしかったっていうのは，打算があったというか，それもやっぱりユキがいわれのない差別を受けてほしくない。結婚のときに，弟さんにあんな子がおったら，ユキ自身がまたあんな子，産むかわからへんやろとか言われるんじゃないかって。支援学校の先生とかやったら理解があるんちゃうかなって（笑）。それだけなんです，ほんとに。絶対リクのことでユキの足を引っ張るようなことだけは，絶対。なんぼなんでも支援学校の先生やったらそんなことぐらいはわかる。」と弟のことで姉であるユキさんに不利益が被らないよう，徹底した子育てを行っていることがわかる。ユキさんも，大学生の頃，特別支援学校にボランティアに行ったら，小学校よりも「やっぱり，こっち（特別支援学校）の方が合ってる」と考え，特別支援学校教員となった。そのことに対し，母親は「まぁ楽しそうですよね。実習，インターンシップとかボランティアとか。私が，まぁ誘導はしましたけどあの子に合ってる。リクが健常児やったら，ユキは絶対この道には，まず私が誘導してないので，この道にはいってない。」と断言された。

　以上のことから，沢田さんは，意図的に，娘と息子を別環境で育てることを意識してきた。その結果，以下のようなことが明らかになった。まず，ユキさんは，リクさんのことを「障碍のある弟」ではなく，「私の弟」として自然にとらえており，本心から「好き」と感じている。次に，ユキさんのキャリア選択において，母の影響は大きいものであった。また弟の存在も大きいものであった。しかし，共通することは，弟がいることによって制限されるということではなく，選択肢が広がるという意味で影響を受けており，親の思いと子どもの思いが無理なく一致したケースであった。母と娘の思いは共鳴しており，今回の事例では，それがよい方向に作用していたが，そうならない場合もあると考える。

（渡邉照美）

3　マイコさんをめぐる思い（高橋さん）

　高橋さん（40代後半）は，調査当時，長女イズミさん（高校生），次女マイコさん（中学生），長男ソウマさん（小学生）の3児の母であり，夫（50代前半）

との5人暮らしであった。

（1）マイコさんの異変

　次女マイコさんは四肢体幹機能障碍であるが，異変を感じたのは長女イズミさんの2歳の誕生日会をしている時で，マイコさんが生後3か月のことであった。つっぱる感じがあり，「ちょっとおかしいよねっていうような感じで，病院に行って」。最初に受診した病院から大きい病院を紹介され，検査を受けた。その時のことを「何が起こってるんだろうっていう感じですよね。2日間，3日間の間に，あれよあれよっていう。……C病院は，やっぱりそういう重心（重症心身障碍）のお子さんとか結構いらっしゃってて，あーって，ひっくりかえるんじゃないかくらい（笑）のショックというか，衝撃を受けたのを覚えてますよね。」と振り返った。そして，「その時ってまだ，まだ赤ちゃんだし，将来どうなるんだろうっていう。わかんなかったですから，まだ，何かお薬で，ねえ，どうにかなっていくものだと思ってたし，ねえ，今みたいに寝たきりのままいるとも思っていなかったし。」とあるように，入院している障碍の重い子どもたちの姿を見て，〈ショック〉を受けながらも，当時のマイコさんが将来どうなるかはわからないという〈希望〉ももっている。

　そして，2か月の入院をする。その中で，医師からの説明で「同じ病気の人でも，10人に1人は大学に行ってますよって言われました。それだけは覚えてるんですけど。退院するまでの間とかは，とにかく今を見てあげてくださいって。何回もそれは言われましたよね。将来とかじゃなく，今を見てあげて。今のいいところを見てあげてくださいって。でもこっちとしては，養護学校に行くんですかとか，どうしてもそういうところに気がいってしまって。養護学校に通っている親戚とかいとことかもいなかったので，ある意味，ちょっとこう，養護学校⁉っていうような，やっぱり偏見じゃないけれども，やっぱりそういう目で見てたと思うんですよね。だから，そういう子が，自分の子どもに産まれるって思ってもみなかったので，やっぱり，私も主人も『え⁉』っていう気持ちは大きかったですね。」とあるように，将来への〈不安〉と起こっていることに対する〈否認〉が認められる。

　退院後は，「もう大変でした。やっぱり音に対してびっくりしたりとかすると痙攣があったり。入院して，こう，この薬を大量投与とかいろいろやったけど，痙攣は治まらなかったので。病院にいるよりは，いろいろな刺激をね，与えてあ

50

げた方がいいと思うのでってことで退院してきたので，やっぱり，緊張ですよね。なんか，観察してるようなね。ノートに何時何分にどんな感じの痙攣っていう。ノートももらいましたから，病院から。そこにずっと記入してましたね。」と語った。前節のリクさんの母である沢田さんの語りにもあったように，退院後，生命を維持するという役割を母親が全面的に担う立場になり，重症児の母親にしばしば認められる緊張感である。

　そのような緊張感のある生活であったが，「高橋さんが落ち着いてきたのはいつ頃ですか」と尋ねると，「どうだったんだろう。わからないけど。でも，もう一人産もうっていったときには，そうなのかなって。（障碍のある子が）いるのに，もうひとりって，それも年もあいてないじゃないですか。」と語った。次の項では，次子を産むことについて考えてみたい。

（2）マイコさんのきょうだい

　マイコさんには姉と弟の2人のきょうだいがいる。3人目を産もうと考えた理由については，夫と相談して，「（長女のイズミさん）一人じゃ，一人でちょっと抱えきれないでしょって。相談相手とか。イズミが背負っていくのはちょっと負担が大きすぎるよねって。じゃあ，一人がんばろうかねって，産めるものなら。で，授かって。」と親亡き後のことを考えた時に，長女のイズミさんだけでは負担が大きすぎるという思いからである。また，遺伝的な病気の場合，次子をもうけることを躊躇することもあるが，「最初の子がそうだったら（障碍があったら），2人目はどうかなって思うかなって思うんですけど，1人目は健常児だったっていうのもあって，すごく強かったですよね。」と語った。

　きょうだいに対しては，「マイコができない分を他のきょうだいに，がんばれがんばれって言っちゃってるんだと思います。あそこのうちは，あの，あのね，障碍をもってる子がいるから，あの，お母さんの手が回らないんだねとか言われちゃう。言わないにしても，言ってないにしても，なにか，言われちゃうんじゃないかなって思うところがあるから，だから，特におねえちゃんにはがんばれがんばれって。期待をかけちゃいましたよね。で，最初はほんとにあの子もがんばってたけど，結局疲れてしまったのか，自分の好きなもの，やりたいものが見つかって，今，吹奏楽の方に一生懸命だし。」ときょうだい児に期待をかけていたと語った。そして長女のイズミさんは「いちばん我慢だと思います。我慢してると思う」と言い，マイコさんのことでイライラすると「やっぱきょうだい，他の

きょうだいに当たることはありますよね，私が。」と語った。弟であるソウマさんについては「生まれたときから（マイコさんが）いるわけだし，いて当たり前の存在でしょうね。だから，子どもたちの方が私なんかよりも受け入れてくれたのかなとは思うんですけど。ちっちゃい，物心ついたときから，長女にしてもそうだし，こういう子がいるっていうのはね。私なんかは何十年も生きてて，突然ええーっていうのと，やっぱちっちゃい物心ついたころから，うちにはこういう子がいるんだなっていうのは違うんだろうなあ。」と自然に受け入れたのではないかという話であった。

　マイコさんのことについて，イズミさんとソウマさんに話すことはあまりないとのことであったが，イズミさんは「私は結婚しない」と言っており，ソウマさんは「みんなで住むんだよって。マーちゃんとお父さんとお母さんとみんなで住むんだよ。」と言っているとのことであった。高橋さんに親亡き後のことをどのように考えているかを尋ねると，「何回かは，自分の好きなようにしていいんだよ，マーちゃんのことは気にしなくていいんだよって言ったことはありますけど，特別それでそっから先に話が進んだとかそういうことはないですね。面倒見れるうちは，マーちゃんはうちで，私たちが面倒見るけど，面倒見れなくなったら，どこかに入れて，誰かにお世話してもらうようになるのかなとは言ってますけどね。」ときょうだいに面倒をみてほしいという思いはもたれていなかった。

（3）就労について

　高橋さんは，現在，家の近所でパートタイムで働いている。高橋さんの職歴については，以下のようである。常勤職から，結婚を期にパートタイム勤務をし，長女の妊娠で辞め，長女が生後6か月の時にパートタイム勤務を始めた。そして，

マイコさんを妊娠したので，それで辞めたというように，結婚や育児を契機に仕事を辞めている。「母もずっと専業主婦だったので，別に働くっていうイメージはなかったんですけど。」と仕事を辞めることに葛藤は認められなかった。しかし，「マイコが生まれた時点で，自分はこの子の介護じゃないけど，介護をやっていくんだなって思ってた」と仕事をすることは難しいと考えていた。ただ，長女イズミさんが小学生の頃，「ママはお仕事しないの？」と言ったことと，たまたま偶然が重なり近所でパートタイムで勤務することになった。それについて「働くなんて，こういう子がいて働けるとは思ってもみなかったので」との語りが物語るように，一生涯子育て，もしくは介護をするのが母親の役割であると認識されており，障碍のある子どもがいた場合に母親が働くことの難しさがわかる。

　就業できるようになったのは，マイコさんの小学校入学により，帰宅時間が遅い日があり，就業時間を確保できるようになったことが大きい。とは言え，13時までと限定的な時間であった。現在は，放課後等デイサービスが使えるようになったのと，弟のソウマさんも留守番できる年齢になったことによって，夕方まで働くことが可能になっていた。働くことによって「働けば働いたで悩むこともあるけれども，気分転換になりますね」とハリのある毎日を感じていた。ただし，仕事をするのは「マイコが高校を卒業するまでなのかなとは思っています。卒業後どうなるかはわからないし」と語られた。高等部を卒業後，「行くところがなかなか，肢体はないのでね。ふつうの知的のお子さんも数少ないんでしょうけど，肢体はほんとにないので，どうなるんだろうっていうのがね。どっか入れるところがあれば，それだけでいいよねって。ちょっとでも日中行ってもらえるところがあればね。」というように，高等部卒業後の進路が限定されるからという理由からの語りである。障碍のない子どもであれば自立に向けて進むことが多いが，障碍のある子どもの場合，高橋さんがマイコさんの障碍を知った時に思ったように，学校教育終了後，改めて「自分はこの子の介護じゃないけど，介護をやっていくんだな」というケアの問題に向き合うことになることがわかる。

（渡邉照美）

4　タケルさんをめぐる思い（藤原さん）

　藤原さん（30代前半）は，長男タケルさん（小学生），長女ハヅキさん（幼稚

園生），次女サクラさん（2歳）と夫の5人家族である。

（1）タケルさんの異変

　長男タケルさんは生後10か月の時に高熱を出し，急性脳症の後遺症で肢体不自由になった。突発性発疹ではないかという診断で帰宅した夜に，「目がぱっちりで，体が硬直して，体がぐーっと伸びてって，えーって思って，痙攣してると思って，もう救急車を呼んで，でも，どうしていいかもわからなくて。同じくらいの（年の）子の熱性痙攣の話を聞いていたので，熱性痙攣かなあって思ったんだけど，でも，救急車に乗っても止まらない，病院に行っても止まらない。もう，どうしていいかわかんなくて，もう，覚えてないんですけど，『何分くらい痙攣してますか？』とかいろいろ聞かれるんですけど，わかんなくって。」「もうただただ体が震えるだけで」と藤原さんの動揺が伝わる。その後，大きい病院に運ばれたが，完全看護のため家族は帰された。「さみしいし，心配だし，寝れないし，なんか寝て忘れたいんだけど，忘れられないっていうか。もう，なんか，とにかく，苦しくて。でも，次の日の朝，目が覚めて電話したときには，やっぱり呼吸の状態が悪かったので，人工呼吸器を入れさせてもらいましたって。で，『あー』って思って。その後もやっぱり痙攣したって言ってて，あーどうなっちゃうんだろう，どうなっちゃうんだろうっていうので。でも，もう，なんだろう。ある程度の覚悟っていうか，してたかなっていう感じですけど（涙）。でも，もしかしたら，また元気なタケルに戻るかもしれないと思って。」とある程度の〈覚悟〉と〈不安〉と〈希望〉の中で行きつ戻りつしていることがうかがえた。

　そして，タケルさんの目が覚めた時には，「目つきもおかしかったですし，首も座らないし，口からごはんも食べれないし。とにかくチューブ，点滴いっぱいつながれてる状態」であった。「そん時のタケルは正直，タケルじゃなくって。会うのが怖かったけど，でも，やっぱり，自分の子だから，かわいくって」と語られた。その時，医師は「もしかしたら死んでたかもしれないって。1歳未満の子の場合は，助かる可能性はほんっとに少ないんですよって言われて。命があるっていうのはすごいんですって」と説明をした。「でも，そん時は，そんなこと言われてもみたいな。でも障碍が残っちゃったじゃないですかって。この子は生きてた方が幸せなのって？　もしかしたら，辛い思いするんだったらとかいろいろ思ったんですよ」と語られた。「でも現実，タケルが命があって，あの，なんだろう，がんばって病気を克服，克服っていうか，闘って，菌と。今命があるん

だから，私たちが目をそむけちゃいけないなって。いちばんがんばったのは，タ
ケルだからっていうのがあって。もう別人だったけど」とがんばったタケルさん
を認めたいという気持ちもあった。

（2）退院後

　入院の間，毎日病院に通い，2か月で退院する。タケルさんが入院した当初の
ことを藤原さんは「地獄でした」と表現したが，退院した当時のことを以下のよ
うに語った。「もう笑ってもくれないけど，表情もおかしいし，目つきもおかし
いし，だけど，赤ちゃんに戻ったと思えばいいよねって。たぶん，旦那とそうい
う話をしたと思います。あの，また笑ってくれるよねって。私はきっと旦那がい
たから。……1回だけ，二人で思いっきり泣いたときがあって，それ以来，旦那
は泣かなかったんですよね。で，この人とだったら，きっとタケルを育てられる
って思ったのと，私が，そうやって，笑ってくれるよねとか，また一緒に出かけ
られるよねとか言ったときに，『できるよ』って，言ってくれたのと，そういう
たぶん支えがあって，タケルが戻ってきてだったから，腹がくくれたっていうか，
大丈夫って思えたんだと思う。なんかもう，自分の親でもなくって，他人なんだ
けど，あ，この人とだったら，って思えたんですね。」と夫の支えによって，後
遺症が残ったタケルさんと共に生きていこうと腹をくくることができていた。

　とは言え，退院後は，タケルさんの体調が崩れるのではないかという「不安が
とにかく大きく……とにかく，抱っこして，夜中は私もうとうとしながらでも横
に付いてって感じで。あと，ごはんが食べれなかったので，経管栄養の準備をし
たりとか，最初はすごく大変でしたねえ」というようにケアの大変さを感じてい
た。この節に登場する肢体不自由の子どもをもつ母親は共通して感じていた大変
さである。

退院後，友人たちが善意でお見舞いにくることが苦痛であり，何気ない言葉に傷ついたりもした。この時期，タケルさんの障碍のことを隠したくない気持ちと隠したい気持ちの中で揺れ動いていた。友人たちも状況がわかり，藤原さんの心的負担のない形で，気遣いをしてくれるようになったため，徐々にタケルさんに会いに来てほしいと思うようになった。しかし，健診に行けなかった。「健診にいかないことも，タケルにとって良いことなのかな，悪いことなのかなってすごい考えたし。まだ，その頃は闘ってた感じですかね」という言葉通り，大きな葛藤があった。

　そのような日々の中で，タケルさんの成長が藤原さんの心の支えになる。「正直，経管栄養してるときは，みんなに見られるっていうのがありましたから，できれば出かけるときは取りたいとか，実はそういうこともありました。で，バギーは倒して，ルーフをかけてしまったりとか，そういうこともしちゃってました。でも，結構，すぐ経管が取れたんですよ。口から食べさせて，初めての受診のときぐらいに。なんだろう，取れたときかな，こう，なんていうんだろう，胸をはってじゃないけど。」と藤原さんの気持ちに変化が認められる。また寝返りもできるようになり，「少しずつですけど，この子成長しているなって。（成長が）段々見えてきて，楽しくなってきて，で，病院のリハビリに行くのがすごく楽しくなってきたりとかして，あの，最初は出るのが嫌だったけど，段々段々出るのが楽しくなってきて，っていう感じですかね。そうやって，成長が見えてから，がんばれた」。

　上記のようにタケルさんの成長に支えられ，タケルさんはタケルさんであると思えるようになっていくが，一方で「へこむとき」もあったという。「やっぱ，周りとちょっと差がついてきちゃうじゃないですか，大きくなってきたりすると。」と同年齢である子どもが言葉を話したり，保育園や幼稚園に入園したりすると「なぜタケルだけ」という気持ちがわく時もあった。しかし，藤原さんはそ

んな時，「へこむんだけど，へこんでる自分も嫌だし，よくよく考えてみてって。私は（タケルさんの成長に対して）小さなこともすごく大きく嬉しく幸せに思うし，（妹の）ハヅキが生まれて，障碍のある子と障碍のない子の両方を育ててる人，どこにいんの？　そんな経験，人生でできるんだよって。なんだろう，いつかふっと思えたんですよね。そう思おうと思ったのもあるかな。でも，そうじゃないですか，実際。大変だけど，でもなんか大変ばっかじゃないし，うん，いいこともあるし，うん。」と経験をポジティブにとらえ直そうとしている。これがレジリエンスであろう。

（3）タケルさんのきょうだい

　タケルさんには，ハヅキさんとサクラさんという 2 人の妹がいる。そのことについて聞いてみた。「子どもは最初 2 人と思ってました。でも，タケルが病気をして，後遺症が残るって聞いたときに，正直，どうしよっかなって，あって。あったんだけど，でも，私，あの，障碍のある子だけじゃなくて，元気な子も育ててみたくって，で，タケルも一人よりはきょうだいが一人いた方が良いっていうことで，で，あの，最初 2 人と思ってたんですよ。でも，その子ひとりに背負わせる気はないけれども，親はどうしても先に死んじゃうので，その時に，下の子だけひとりっていうのは，重いよねって言って，タケルが障碍が残ったときに 3 人産もうねって感じですね。」という答えが返ってきた。タケルさんの状態が落ち着いた 3 歳のころ妊娠し，長女のハヅキさんを出産，そしてさらに 2 年後サクラさんを出産している。長女のハヅキさんには，「ちょっとかわいそうな思いさせたかなってあります。タケルがバギーだったから，歩くしかなかったし，結構厳しくしちゃったかなっていうのはありますね」。3 人目のサクラさんの子育てについてはすごく余裕ができたと言われた。しかし，「基本，タケル（優先）になっちゃうところが申し訳ない。わかってくれてるとは思うんですけど，おもいっきりわがまま言わせてあげたいって思う時もある」と，障碍のあるきょうだいを中心に生活が回っていることがわかる。出かける際も，「小学校 4 年生であれば，留守番もできる年齢になっているはず」だが，タケルさんの場合はそれは難しく，学校や放課後等デイサービスの帰宅時間を気にしたり，旅行の制限があったり，食事においても「私がつきっきりになっちゃうので，たまに甘えてね，食べさせてほしいって思うときもあると思うんですけど，どうしても，後回しになっちゃう。なんだろうな，小さい日頃の生活でもちょこちょこあると思います

ね。」と語った。今後，ハヅキさんとサクラさんが大きくなるにつれて，タケルさんがいるとできないことが増えるかもしれないと考えており，その時は「タケルにはかわいそうだけど，ショートステイに預けて，そういう時間も必要かなって思ったりしますね。」と語った。

　きょうだいの人生についての考えを尋ねてみると，「自分の幸せだから，タケルがどうこうとかじゃなくって，自分の幸せだなっていうのを，生活をしてほしい。タケルくんがいるから，私はとかいう人生は送ってほしくないかな。うん。なんだろう，とにかく，優しい子に育ってくれて，うん，タケルのことは，片隅にはあってほしいけど，だからといってって（こうしてほしい）いうのはなくて，自分のやりたいことをやってって。」とタケルさんにとらわれないような生き方を望んでいた。

（渡邉照美）

5　メグミさんをめぐる思い（平野さん）

　平野さん（40代後半）は，長男（10代後半）と長女メグミさん（高校生）の母親である。メグミさんは，四肢体幹機能障害である。

（1）メグミさんの異変

　メグミさんは，染色体異常で生まれた。メグミさんは低出生体重児であったが，「しばらく保育器入ってて，でも2000（g）あるから，すぐ元気になるねなんて。」と心配はしていなかった。しかし「様子がおかしい。泣かないし，なんかちょっと覇気がないっていうことで，調べましょうって。脳を調べて異常はない，なになに調べて異常はない，心臓調べて異常はない，じゃあ，染色体調べましょうっていうんで調べた」。染色体に問題がある場合は「染色体異常っていうと見た目もちょっと，明らかにっていう感じが多いんですけど，外的障碍もなかったし，顔つきも猿みたいな普通のお子さんの顔だってことで，気づかなかった」のである。そして，検査により染色体の異常が明らかになった。それを医師から聞いた際には「最初にもう，まず，聞いた時がショックで。それ以外はもうないですね，逆に。」という語りがあるように，大きな〈ショック〉を受けている。

　メグミさんの障碍は症例の非常に少ないものであったため，医師は「世界のい

ろいろな症例を持ってきてくれた。スウェーデンかどっかの子の写真だけど，普通に立ち上がって，見た目も普通だし，立ち上がってるんですよ。足の指が交差したりするくらいで。障碍があっても，まさか歩けないとは思ってないので。ゆっくりではあるだろうけど，普通に成長していくだろうし，ある意味，症例がないからどうなるかわからないっていう。結局今もわからないわけですよ。」と言う通り，症例が非常に少ない染色体異常であったため，先の見通しが立たない状態であった。それについて，筆者が「よくわからないというのは不安ではなかったですか」と問うと，平野さんは「主人はそう（不安）だったけど，私は逆にいいっていう気持ちもあった。わかっちゃうと結果が見えてるけど，わからないからもしかしたらってね。もう16（歳）だからアレだけど，2，3歳の時は，もしかしたら来年歩けるようになるかもしれない，もしかしたら……って。そう思うことは疲れなかったしね。」と症例が少ないために〈希望〉がもてたと語った。そして現在のメグミさんに対する治療としては，「今は対症療法的な治療ですよね。発作が起きたら，発作を抑える薬を飲むとか，それしかない。根本的な治療はできないから。もう，諦めっていえば諦めなのかもしれないし。諦めてないっていえば，諦めてないかもしれないし。」と語った。

（2）メグミさんの将来について

　調査当時，メグミさんは16歳であり，特別支援学校高等部卒業後の進路について考える時期であった。一方で，平野さんは40代後半の時にがんになった。調査時は寛解していたが，がんになった時に，「普通に生活してても，病気したことによって，いつ病気になるかわからない。主人も今は元気だけど，いつ病気になるかわからない」ということを実感した。「だから今のうちに行き場所を作ってあげておくことはいいのかなって思うようになりました」と語った。病気になる以前は，メグミさんを施設に預けることは「20歳で預けちゃったら，育児放棄的に自分も思うし，周りからも思われるかもしれないって思ってた部分もあるけど」，「でも自分が病気になって，私よりメグミの方が長生きしちゃうと困るなって思って」，「ゆくゆくはどっかに預けるのかなって」と考えが変化している。さらに「健常児でもなんでも，大学で東京に送り出したとしたら，家を離れる。そして就職もそこでして，1年に1回か2回か地元に帰ってくる。そう考えたらメグミを預けることはいけないことじゃないんじゃないかって思うようになったんですね。それは病気してから。大学に送るにしても専門学校に送るにしても，そ

こで就職をし，結婚をする。メグミを預けることも普通なんだって思えるように
なりましたね。それでいつ入れるかわからないなら，進路指導でも説明するんで
すけど，もし入れるところがあれば，高校卒業してすぐでもいいかなって」と語
った。「40，50で病気になるなんて思ってなかった。80，90まで行くつもりだっ
たから。上の子は大丈夫だろうけど，下の子には道を作っておかないとって思っ
た。」と親亡き後のことを考えておくことの重要性が示された。

（渡邉照美）

参考文献

菅原伸康（編）　2011　特別支援教育を学ぶ人へ―教育者の地平―　ミネルヴァ書房.

菅原伸康　2012　障碍のある子どものための教育と保育①エピソードでみる障碍の理解と支
　　援　ミネルヴァ書房.

菅原伸康・渡邉照美（編）　2015　障碍のある子どものための教育と保育③エピソードで学
　　ぶ障碍の重い子どもの理解と支援　ミネルヴァ書房.

菅原伸康・渡邉照美　2016　障碍の重い子どもの「授業再考」―教育的係わり合いにおける
　　実践事例からの考察―　教育学論究，8，73-81.

第 3 章

発達障碍の子どもの家族

1　発達障碍とは

　主な診断名として，広汎性発達障碍（自閉症・アスペルガー症候群・高機能自閉症；DSM-5では自閉症スペクトラム（ASD）に変更），注意欠陥多動性障碍（ADHD），そして学習障碍（LD）の大きく3つに分けることができる。いずれも脳機能に関係する障碍・特性である。

　発達障碍は生まれつきの脳機能障碍であり，治ることはないと考えられている。発達の障碍ではあるが，発達が凸凹であるという意味であり，幼少期だけに特性が出るものではない。適切な療育などによって症状を改善し，社会へ適応する力を伸ばすことができる。

　発達障碍は医学的には，たとえば，他人の気持ちなどの想像が苦手，コミュニケーション力が弱い，衝動的に動いてしまう，ミスや抜け漏れが多いなど，マイナス面があるため診断される。しかし凹だけでなく，環境によっては，ルールを順守する，細部に気付く，創造力があるなどの凸が活かされることもある。子ども自身の努力で社会に適応させやすくするだけでなく，本人の持ち味が活かされやすい環境面を，係わり手が工作することが重要になってくる。

　歴史的に発達障碍のある人たちがその特異な才能を人類・文明の進化に活かしたことは事実であろうが，圧倒的多数の発達障碍の人たちの凸凹は，子どもの中での得意・不得意があるというレベルにとどまるのが実際である。

（1）広汎性発達障碍（自閉症スペクトラム：ASD：Autism Spectrum Disorder）
1．主な特徴
　　●嘘がつけない正直者。
　　●空気が読めない。
　　●場にそぐわないような発言をしてしまう。
　　●好きなことはとことん突き詰める。
　　●興味のないことは全くの無関心になる。
　　●寡黙。
　　●考えを表に出すことが苦手。
　　●意図のないおしゃべりを嫌う。

●多弁。

●人見知りせず，相手を選ばずに自分のペースで話をする。

　このように一見矛盾する特徴が挙げられるのが ASD の特徴であるが，すべてに当てはまる子どもはまずいない。上記特徴の一部に当てはまることが一般的である。あえて共通点をあげると，ASD の子どもは，コミュニケーション能力や社会性，想像性が多くの子どもと異なり，変わっていると思われることが多くみられることがあるといえよう。

２．具体例

■自分の世界と他人の世界のニュートラルゾーンがわかりにくい

　ASD（自閉症スペクトラム・アスペルガー症候群・高機能自閉症）には，おしゃべりが好きな人も苦手な人もいる。話す量自体は一般的でも独特な話し方をする人もいるし，空気の読めない発言をしてしまう人もいる。これらは一見全く違う特徴のように思えるかもしれないが，自分の世界と他人の世界のニュートラルゾーンが見えづらく，どの程度自分を主張するか，相手の事情を勘案するかなどがわからないという点では共通した苦手事項と考えられる。ニュートラルゾーンといわれる適度な距離感が人間関係で取りづらいのが ASD の根本にある特徴なのである。

■こだわりが強いことは長所でもあり短所でもある

　こだわりは仕事で優秀な成果を上げる人にも共通してみられる点なので，積極的に褒められる特性でもある。

　しかし，他の人に悪影響を与えない程度のこだわりが望まれる。いつもいつもこだわりが強いと，単なるわがままとなり集団になじみづらくなるため，ある程度はこだわりをコントロールする必要がある。以下，こだわりが強い場合の支

援・指導の視点を示す。

　●こだわりを上手に活かし，本人の自尊感情を高める。
　●本人の興味に沿った話題でコミュニケーション力を培う。
　●こだわりが強いタイプの子どもは，過剰な係わりを嫌うことが多いため，
　　さっぱりとしたコミュニケーションをとる。

　ASDの子どもは，話かけても無視しているようにみえる場合もあるが，単純に耳に入っていない場合が多いようである。そのため，「話しますよ」と言葉をかけるなど，注意を向けさせてから話し始めることが必要である。

　また，子ども同士の遊びは，ごっこ遊びやルールが不明瞭な遊びよりも，一緒にテレビを観る，同じ空間で個別にパズルやブロック遊びをするなどのわかりやすい遊びを考える必要がある。

■感覚の鋭敏さ・鈍感さは周囲が気づきづらい

　主にASDの子どもは，音や光，肌触り，歯ごたえなどの感覚に鋭敏だったり，鈍感だったりする。ある特定の音が怖くてどうしても特定の場所に行けない，乗り物に乗れないということもあるし，味や食感が鋭敏で特定の食べ物しか受け付けない子どももいる。

　感覚過敏・鈍麻は特に小さいうちは子どもが自分で言葉として違和感を訴えられず，周囲は戸惑うことがある。

■診断名は自閉症スペクトラムに統合

　現在はASDの傾向のある方は，自閉症スペクトラム障碍（症）と呼ばれる。ほんの数年前まではASDもさまざまな診断名が乱立していた。たとえば，重度の知的障碍を伴うカナー症候群，知的障碍を伴わないアスペルガー症候群，高機能自閉症などである。しかしこれらを明確に区別することは難しかったためASD（自閉症スペクトラム障碍）に一本化して統合されるようになっている。

　ただし，アスペルガー症候群の認知度が高いため，本書では自閉症スペクトラム・アスペルガー症候群・高機能自閉症と呼び名を併記しており，医療や福祉・教育の現場でもまださまざまな診断名が使われている。

（2）注意欠陥多動性障碍（ADHD：Attention Deficit Hyperactivity Disorder）

1. 主 な 特 徴

- 好奇心旺盛。
- 注意が散りやすい。
- 忘れ物が多く片付けができない。
- おっとりしている。
- ぼーっとして話を聞いていない。
- 活発で，元気なあまり着席は苦手で落ち着きがない。
- 行動力があり，衝動性が抑えられず，突発的な行動が多くみられる。

このように注意欠陥多動性障碍は，その名の通り，不注意さや多動性，衝動性が特徴とされる。特に幼少時は身体の多動性もあるが，年齢が高くなるにつれて頭の多動性が課題になってくる。男性と女性の出方も違うことが多い。抽象的に説明すると，気持ち・注意・関心・行動の自律的な制御が苦手なタイプとなる。

2. 具 体 例

■不注意タイプ と 多動・衝動タイプ

不注意さが強くでる人，多動性が強くでる人，その両方がでる人など，同じく注意欠陥多動性障碍と診断されたとしてもそのタイプはさまざまである。以前は不注意優勢型と多動衝動性優勢型，混合型という分類分けがされていたが，現在は廃止されている。

一般的には女性に不注意傾向が，男性に多動傾向が多いとされており，このため，物忘れなどはひどいものの，多動性はなくむしろおっとりしたタイプというのも十分，考えられる。

また年齢によってタイプが変わっていく可能性もある。特に不注意が強くでるタイプは幼少期に気づかれず，大人になってから診断を受ける場合もある。

■感情のコントロールが難しい

　注意欠陥多動性障碍の衝動性が強いタイプは，気持ちのコントロールが特に苦手とされる。叱れば直ちに改善されるということではない。まずは気持ちを落ち着かせ，冷静になってから，なぜ気持ちが高ぶってしまったのか，どうしたらそのようにならないかを，周囲の大人が一緒になって子どもに考えさせる必要がある。甘やかすのではなく，適切な支援・指導が必要となるのである。

　感情のコントロールの練習をする際には，怒りや悲しみなどのマイナスの感情からではなく，喜びや楽しみなどのプラスの感情から練習していくとよいと考えられる。どんな感情でも，トレーニング次第では自分の力で興奮状態から落ちつくことができる，という実感を得ることが大切である。

　また，適切な支援・指導がとられていれば衝動性は年齢とともに落ち着いていく場合が多いことがわかっており，周囲の大人たちが寛容に見守りつつ，根気よく支援・指導を続けていくことが重要である。

■薬物療法について

　自閉症スペクトラムやアスペルガー症候群，学習障碍などの他の発達障碍の特徴と異なり，注意欠陥多動性障碍には，薬が開発され，2020年現在，日本ではコンサータ®とストラテラ®，インチュニブ®等が認可されている。

　薬は医師が処方し，認可された薬であり，生活の質が改善する可能性が高いのであれば，副作用を考慮に入れた上で，検討してもよいと考えられる。ただし注意欠陥多動性障碍の傾向がすべて瞬時に消え去るものではなく，緩和する程度なので，安易に服用したり，即効性を期待したりすることはできない。

　コンサータ®は中枢神経を刺激して注意・集中力を維持するタイプの薬であり，効果が比較的短期間で感じられる人が多いようである。ただし中枢神経を刺激するということから副作用を懸念する人は多く，週1回程度は薬を使わない安静の日を設けている人が多数いる。コンサータ®は濫用を防ぐ目的で，処方する医師側にも登録が必要となっていて，流通がしっかり管理されている。

　一方でストラテラ®は前頭葉に効くことで，注意・集中力を維持させるタイプの薬であり，薬価が高いため金銭的な負担が多くなる。コンサータ®とは違い中枢神経に効くタイプではないため，比較的服用に抵抗が少ない人が多いと思われる。徐々に服用量を増やしていくことが求められていて，少しずつ効果を感じる人が多いようである。また薬を服用しない日は設けず，日々服用することが求め

られている。

　注意欠陥多動性障碍の治療薬は，周囲は変化を感じるものの，本人は変化を感じることがほとんどないため，服用を止めてしまったり，あるいは服用しないと集中ができないのではないかと，かえって不安になり薬を飲み続けている場合もあるので，継続的に医師に相談しながら服用する量などを決めていくことが必要となる。

（3）学習障碍（LD：Learning Disability）

1. 主 な 特 徴

　　●日常生活で理解力に不安はないが，勉強だけができない。
　　●文字がぼやけて見えたり，反転して見えたりする。
　　●本を読むのは好きだが，文字が全く書けない。
　　●暗記力はあるが，数字に関することだけは覚えられない。

　このように学習障碍とは，基本的には全般的な知的発達に遅れはみられず，聞く・話す・読む・書く・計算する・推論するなどの特定の能力の習得に困難さがみられるものをさす。

2. 具 体 例

■知的障碍や勉強嫌いとの違い

　知的障碍は，全般的な知的機能が低い水準にあり，勉強の場面では多くの学習に苦手意識をもっている。一方，学習障碍は特定分野の能力習得に困難な状態をいう。たとえば，文字を読むことはできなくても，会話による意思疎通には問題がないなど，部分的に困難さがみられるのである。

　勉強嫌いと学習障碍との区別は素人では難しさを伴う。簡単に言えば，一定程

度の練習や勉強によって理解できるようになれば，勉強嫌いであり，頑張っても特定の分野だけが理解できない場合は学習障碍の可能性が高くなるといえる。

　なお，教師が隣にいて集中すればできるなどの場合は，学習障碍ではないと考えられる。集中力の持続が難しい注意欠陥多動性障碍である可能性があるので，「何か，少しおかしいな？」と思った場合は，医師の診断を考える必要があるだろう。

■ディスレクシアの特徴と対応

　ディスレクシアとは学習障碍の一種で，読み書き障碍と同義と考えられる。ディスレクシアの子どもには以下のような特徴と支援・指導が考えられるだろう。

- ●ひらがなの読み書きが苦手（"わ"と"れ"と"ね"の区別がつかない）。
- ●特殊音節（拗音・長音・促音）の読み書きが苦手。
- ●カタカナの読み書きが苦手（"ソ"と"ン"，"ツ"と"シ"の区別がつかない）。
- ●漢字の訓読みと音読みを使い分けるのが苦手。
- ●単語をひとつの単位として読めない（1文字ずつ読む逐次読みになる）。
- ●飛ばし読みをしてしまう。
- ●書字の際，鏡文字になる。
- ●線や点が多いなど，年齢相応の漢字が書けない。
- ●助詞の誤用が多い。

　これらの対応として，まずは，読み書き障碍の子どもは，文字がぼやけて二重に見えたり，裏返しに見えたりすることがあり，そもそも文字を正確にとらえることが難しいということを理解する必要がある。子どもは周りの人と自分の見え方が違うことを認識できないため，「できない自分」に苛まれてしまいがちになる。まずは，係わり手が，見えづらいということに気づいてあげること，一緒に対策を考えることが重要になる。

　支援・指導の大前提としては，苦手を消すことよりも体育・図工・音楽など他の得意な科目での活躍を，積極的に行うことを大切にすることが必要である。

　書字の課題については，なぞり書きや書き方を言語化するなどの方法がある（山⇒たて，たてよこ，たて）。子どもの理解の仕方に合う，適切な教材教具を作ることが大切であり，書字困難が著しい場合は，タブレットなどを使用し，音声

入力やタイピングを習得する，家族が代筆して考えることに集中させるなどの支援・指導も有効である。現在，学習障碍児向けの教材はさまざま手に入るが，最終的には個々の子どもに合わせて，どのように使うかが重要となってくる。

　読みの課題については，以下のような支援・指導が考えられる。

●特殊音節は視覚化して見せる。

●文節ごとに斜線を引く。

●読んでいる行だけが見えるような穴の空いたシートを使う

3．算数障碍の特徴と支援・指導

　算数障碍の子どもには以下のような特性と支援・指導が考えられる。

●数を数えるのに時間がかかる。

●数字が覚えられないので九九の習得ができない。

●数の大小の理解が曖昧である。

●ひっ算の繰上り・繰り下がりが理解できない。

　算数障碍の子どもは，暗記力・理解力・社会性のいずれにも不安がなく，数字に関することだけに困難がみられる場合がある。他のことができるからといって，学齢相応の算数の習得は困難であり，読み書き障碍同様，できたことを褒めながら，他の得意科目での活躍をすすめていくことが大切である。

　一方で基本的な数字の概念がわかったほうがその後の生活の中で有利になることは確かなので，数字の大小やお金の概念など基本的な理解についてはブロックを使うなどして視覚的に教えていくことも考える必要がある。足し算や引き算もマグネットなどを用いて，視覚的に支援・指導する方法がある。また，ひっ算の計算をさせる場合は，マス目を設けるなどして，どこに何を書けばよいのかを明瞭化させる方法もある。

２　ケンタさん・タクミさんをめぐる思い（山田さん親子）

　山田さん家族は，父親，母親，長男ケンタさん，長女ミキさん，次男タクミさんの５人家族（父親は海外で単身赴任中）。ケンタさん（20代前半）は，自閉症スペクトラムで，不登校となり，現在は引きこもりの状態にある。タクミさん

（10代後半）は，注意欠陥多動性障碍で，現在は通信制の高等学校に通っている。父は50代で商社勤務。母は40代でパートタイム勤務。ミキさんは大学生である（調査当時）。この節では，ケンタさんとタクミさんをめぐる思いを母と姉・妹の視点から紹介したい。

（1）ミキさんの思い

1．ミキさんの小学校～中学校時代

　ミキさん一家は，ミキさんが小学2年生～5年生までを，父親の仕事の関係で，外国で暮らしていた。帰国後すぐに兄のケンタさんが不登校となる。ミキさんはその時の思いを「（学校に）いかなくって，毎朝，お母さんとお父さんとお兄ちゃんが，いく，いかないみたいなやりとりをしていて，弟となんやあれはみたいな感じで，みてた気がします。」と語ってくれた。ケンタさんは，中学校に進学後も不登校の状態が続いていた。ミキさんはケンタさんと同じ中学校に行くことを，「やっぱり，その妹やぁっていうふうにみられるのが嫌やなぁとか，なんか来てない人でも一応名簿にはのるじゃないですか，それでなんかこの人の妹やぁみたいなふうに同級生に思われるのも嫌でした。」と語ってくれた。ただこの時，ミキさんは，ケンタさんに障碍があるということはわからなかった。「（外国で生活していた）小学校のときは，普通な感じやったんで。でもなんか服のタグが気になって，切らないと着れないとか，そういうのはあったんですけど，まあ普通に学校も行っていたし，友達もいて，家に泊まりにも来たりしてたから，普通やと思ってたんです。」と語ってくれた。それが帰国後，すぐに「部屋閉じこもってたりとか，昼夜逆転とか，なんか普通の人とは違うなと思ってたんです。」と話してくれた。ミキさんがケンタさんに障碍があるということを知ったのは，つい最近のことで，「障碍はあると思っていて，絶対あるやろなって思っていたんですけど，なんか病名とかまでは全然知らなくて，卒論でこういうテーマでやりだしてから聞いたら，えっ，みたいな。実際にもってたんやなぁーっとはじめて知りました。」と話してくれた。

　ミキさんは，通っていた中学校が荒れていたので，合わなかったのではないか，転校生で控えめな性格であったので，不登校になったのではないかと考えていたようである。ここから十年以上の引きこもりが始まる。

２．ケンタさん・タクミさんへの思い

　兄ケンタさんへの思いをミキさんは，まずは家から出ることをしてもらいたいと思っている。毎日，夕方の犬の散歩を日課として，３分間という短い時間ではあるが，家から出るようになってきている。これが日常化しつつあるので，延長線上に簡単なアルバイトができるようになってほしいと考えている。また，現在は，筆者とミキさんが相談し，ケンタさんを相談機関につないでいる。

　弟タクミさんは，小学校で不登校になり始め，注意欠陥多動性障碍の診断が出ている。中学校から投薬が始まり，落ち着き，保健室や相談室であれば登校ができるようになっていった。ミキさんはタクミさんのことも「ストレスになっている。」と話してくれた。祖母には「頼りになるのはあなただけだから。」と言われ，かなりのプレッシャーとストレスがのしかかっていると思われる。

　タクミさんは，現在通信制の高等学校に通っている。弟タクミさんへの思いをミキさんは，「数学とか得意分野で自立してくれると良いのですが，性格がひねくれているので，人間関係でつまずくのではないかと。」と打ち明けてくれた。タクミさんは，得意分野の数学を生かし，大学受験を目指しているが，ミキさんは，「興味のあることにしか集中できなく，どうしても偏りがあるので，生活の幅を広げてあげたい。」と話してくれた。

　先日タクミさんから「言葉で言われるより紙に書いてもらったほうがわかりやすい。」と言われ，ホワイトボードに名前と毎月月曜日と火曜日は掃除，第２，第４月曜日と金曜日は夕食づくりと書いて示し，姉としての自立に向けた支援を始めている。

3．ミキさんの人生

　インタビュー当時，ミキさんは，ある市の保育士として働くことが決まっていた。一人暮らしを考えているのか聞いてみると，ミキさんは，「出たい気持ちもありつつ，やっぱり家にいなきゃいけないといった気持ちです。」と語ってくれた。続けて「母は自分が良いと思ったところで働けば良いと言ってくれてはいます。私は遠いところに行く勇気もないし，母親と兄，弟との緩衝材の役割としても家に居た方が良いのではないかと思っています。ほっといたら兄も弟もずっと部屋に閉じこもって出てこなくなる。」と話してくれた。

　ミキさんが結婚をして家を出るようになった時のことも聞いてみた。ミキさんは，「正直，面倒はみたくないです。だから，それまでにはしっかりしてほしい。」と話してくれた。現在海外で単身赴任中の父親が帰国予定で，「お父さん，お母さん，兄，弟の生活は，考えられない。」とも話してくれた。父親は長く海外で単身赴任をしていることで，特にケンタさんとの関係は良くなく，お正月などに一時帰国してもほとんど会わない状態が続いていた。ミキさんは，「父親は，兄に向き合おうとしていない。」とも語ってくれた。父親は，どのようにケンタさんやタクミさんにかかわれば良いのか，向き合えば良いのかがわからないのではないかと思われる。

　また，ミキさんは，「幸せな家族を築きたい。」とも話してくれた。中学校時代は誰にも相談することができず，高等学校，大学と自分の気持ちを吐露し，相談できる友人ができたことは，少しはミキさんのストレスやプレッシャーを和らげることができたのではないかと思う。

　ミキさんは，現在，筆者らの勧めもあり，家を出て一人暮らしを始めている。

（2）母である山田さんの思い

1．ケンタさん・タクミさんへの思い

　ケンタさんとタクミさんの診断のことについて聞いてみた。

　山田さんは，「診断はかなり前のことで，長男は中学2年生の時に，下の子は小学生の時でした。今はもう17歳だから，多少ちょっと変わってるかもしれないです。でも下はとっても落ち着きがないんですよ。だからきっとADHDなんだろうなって。」と話された。

　続けて山田さんは，「長男は大人しくて生真面目な子で，初めての子どもなので比べようがなくって。まぁなんか大人しいということだけで，他には何も感じなかったですね。でも高学年になってからは，今になって思えば"触覚過敏"とか"嗅覚過敏"とかがきつくなっていたと思いますけど。その時はそんなに考えてなかったので。今でも下は聴覚とか過敏で，映画館とかだと『こんなうるさいのは無理！』って感じでいろんなところが過敏だと思います。」と話された。

　さらに山田さんは，「私たち3年くらい外国に住んでたんですね。長男が日本人学校に適応できなかったことに私たちは気付けてなくて。それで，中学1年生の秋に日本に帰ってきて3か月くらい通ったんですけど3学期の1月からパタッと行けなくなって。家にずっといるような状態になって，中学2年生のはじめくらいに病院に連れていった時に検査してみようかということになって。ものすごく生真面目で頑固で，完全主義で。適当にやるくらいならまったくしない方がいいと。息子二人は極端で真ん中がなくて，百かゼロなんです。そんな感じだったので『そうだったんだ』」と納得されたと話された。

　ただ，子育てに関しては，障碍での困り感（困り感は学研の登録商標）はほとんどなく，不登校に対しての困り感が大きくあったことを話してくださった。そのことを山田さんは，「多分，長男はカルチャーショックが大きかったと思います。日本の中学生は親と一緒に外出はあまりしないですが，外国にいた時は危ないからいつも親と一緒にいました。それと帰国子女ということで英語ができると思われていたらしいのですが，住んでいた国はスペイン語圏だからみんなの期待に答えられるように英語はできないんだと，長男は勝手に思い込んでしまって英語が大嫌いになったんですね。学校に行かなくてもテストは受けるみたいなことをしてたんですが，だんだんと遠のいてしまってとうとう行けなくなって。でも剣道の部活は夕方行ったりとかしてたんですけど。授業も先生に夕方頃時間割とかをきいて用意するんですけど朝になったら玄関で止まって行けないっていうのがあ

って。今思えば結構『ここまでしたなら行こうよ！』って発破かけたりしてワーッとなってしまうこともあったんですけど気の毒なことをしちゃったなと思います。別のやり方もあったんじゃないかなと今は思ったりします。」と語られた。

　「長男は部屋にこもっちゃって，高校受験もしないまま現在20代中盤なんですけども，今も調子は良くないですね。ヘルパー二級の資格をとりに行ったりとか，外国にいたときに始めたクラシックギターで賞もらったりとかもしたんですが，本人のなかで止まってしまったみたいで。介護の知識なんかはいつか役に立つだろうけど，せっかくできたことも今は止まっちゃってます。私はパートで老人ホームに行ってるので仕事のときは長男に掃除機かけといてねとかの用事を頼むと，言ったことはしてくれるから『ありがとう。助かったわ』といって自己肯定感を高めたりしているんですけど，なかなか上手くいかないですね。」と話された。

２．ミキさんの就職について

　ミキさんへの思いを聞いてみた。山田さんは，「幼稚園の時の先生がとても仲よかったみたいで幼稚園の時からずっと幼稚園の先生になりたいと言ってるんですよ。固い意志で偉いなと思います。私は適当に生きてきて，適当にOLになっちゃったし，ずっと初心を貫いててすごいなと思います。高校の頃は，本当は近くの公立高校に行ってくれたら良かったんだけど，ずっと意思が変わらないからD高校に入学し，その上（系列大学）にそのままいけたら良いと思ってここまできたんですけど。ミキも頑固なところがあって言い出したら聞かないところがあるというか。気配りはしてくれるんですけど，ホワンとしたところがあるので，大丈夫かなとは思うんです。よく怪我するし，よくぶつかるし。この間も木にぶつかって怪我してきて，『お母さん，木がぶつかってきたよ』とか言ってきて。ホワンとして，和ませにきますね。バイトとかでも，自分は役に立ててない迷惑なんだって言うから『まあみんなができる人だったら疲れちゃうからボヤンとした人がいていいんじゃないの』とか言って。」と話された。

　ミキさんが住んでいるＥ市を受験し合格したことについて，「本当は私立の幼稚園に行きたいっていう気持ちが強いので，Ｅ市はたまたま受けてたまたま通ったっていう状況で。だからか，面接でＥ市のアピールをしてくださいって言われたらしいんですけど，全然Ｅ市に興味がないから『緑が豊かで〜』とか適当に言って心がこもってないこと伝わっちゃったとか言ってて。私はＥ市にこだ

わる必要がないなら，二次でやめたらいいよ，三次でやめたらいいよとか言って
たんですけど，『まぁできるからわからないけどできるとこまでやってみる』っ
て本人は言っていて。でも本当は私立幼稚園の方が気持ちがあるのかなって。」
と語られた。

　家から通える仕事を選んだことについて山田さんは，「いま私がミキを間に挟
み過ぎて重いと思うのでちょっと気の毒かなぁって。あまりにも気遣いさせて，
またＦ病（ミキさんの持病）になったら怖いしちょっと様子みながら。あんな
んでも繊細なところもあって外国に行く前は円形脱毛症になったりして，デリ
ケートなんだなと思いました。でも今はガサツで服とか脱いだら脱ぎっぱなしで，
いい加減なんですけどね。あのくらいいい加減な方が生きていくにはいいんだろ
うなと思いますけどね。家でも一生懸命，調べたりして何かやってるから，子ど
もに関わることが好きなんだなと思いますね。」と話してくださった。

3．山田さんの人生

　母である山田さんの人生について聞いてみた。

　山田さんは，「後悔はしてないけれど，どこかで道を間違えたかなっていう思
いがありますね。当たり前なんですけど，子どものことばかり思っていたことが
多くて。今は『お母さんも自分の人生，生きてるからね』って言って老人ホーム
行ったり，ナイターで映画みたりしてるんですけど。割と子どもに時間を費やし
ちゃったかなという思いがあって，もっと離しておいたら子どもも充実していた
かな，心配してくっつき過ぎたかなとか思いますね。」と話された。自分の時間
をもつというふうに転換した理由を聞いてみた。

　山田さんは，「いま40代後半なんですけど，50歳がみえてきて『まずい！　エ
ネルギーがなくなる！』と思って，去年に介護福祉士の試験受けて通ったんです。
『お母さん自分で自分の人生生きてくから！』って言って，これからは自分の時
間を増やしていこうと思っています。どこに行っても生きていけるように。私が
いなくても，無理なく自然に『家を頼むよ』って長男を頼ったりできるようにな
ったらいいなとか思ってるんですけどね。」と話された。

　人生設計において，子育てと仕事の両立っていうのは結婚前に考えていたかを
聞いてみると，山田さんは，「私の親も（専業）主婦で，そうなるのが当たり前
と思っててごく普通のことだと，違和感はなかったんです。ただ今の時代にいた
ら働きますね。当時は，仕事との両立は思いませんでしたね。やっぱり，働いて

る方が気持ちの切り替えもできるし良いことですよね。だから，体が続く限りは介護の仕事を続けたいと思います。」と語られた。

　続けて介護の仕事を選ばれた理由を聞いてみると，山田さんは，「昔から子どもよりおじいちゃん・おばあちゃんが好きで興味があったんです。ミキもおじいちゃん・おばあちゃんが好きだけれども，子どもの方が興味があったってだけで，人と関わるのが好きというところは同じですね。自分はおばあちゃん子だったし，お年寄りと関わっていたいなと思っていて。」と話された。

参考文献
菅原伸康（編）　2011　特別支援教育を学ぶ人へ―教育者の地平―　ミネルヴァ書房.
菅原伸康　2012　障碍のある子どものための教育と保育①エピソードでみる障碍の理解と支援　ミネルヴァ書房.
菅原伸康　2012　障碍のある子どものための教育と保育②写真でみる障碍のある子どものための課題学習と教材教具　ミネルヴァ書房.

（菅原伸康）

第4章

障碍のある子どもの親の心理過程

1 障碍のある子どもをもつ親の受容研究

　障碍のある子どもを育てるという経験は，親にとってどのような経験であろうか。障碍のある子どもをもつ親の障碍受容に関する心理過程に関しては，1940年代より国内外を問わず比較的多くの研究がなされており，さまざまな立場からの知見がみられる。よく知られているものとして，段階説や慢性悲哀説，両者を包含した螺旋形モデルがある。

（1）段　階　説
　段階説とは，障碍児の親は，わが子の障碍を告知された時，精神的ショックを受け，その後，さまざまな感情が段階的に現れ，受容に至るというものである。わが国で最も知られている段階説は，ドローターら（Drotar, D. et al., 1975）のモデルであろう。先天性の身体障碍のある子どもの親の心理過程について，① ショック，② 否認，③ 悲しみ・怒り・不安，④ 適応，⑤ 再起の5段階で説明されている。日本の研究においては，知的障碍のある子どもの親を対象にした三木（1956）や鑪（1963），ダウン症候群の子どもの親を対象にした田中（1990），自閉症の子どもの親を対象にした山崎・鎌倉（2000）の段階説がある。これらの段階説では，いずれも障碍告知に対する親の反応から，情緒的混乱の時期を経て，最終段階の受容に至るというプロセスが示されている。障碍を知ったために生じる混乱は，誰にでも予想がつくし，時間の経過と共に，いくつかの段階を経ながら，障碍を受容していくという道筋を示したことによって，臨床現場においては，親の心理過程を理解しやすいために広く受け入れられた。支援者に，障碍のある子どもだけではなく，親の心理理解に関心をもたせ，親もケアされる存在であると認識させた点で有用な説であったといえる。しかし，段階説では，誰もが受容に辿り着くかのような印象があり，受容することが何よりも重要かのようにとらえられる場合がある。そのため，支援者が段階説にとらわれ過ぎると，受容の段階にいない親に対して，受容することを過度に求める危険性があることを忘れてはいけない。現在では，段階説に関して，上述したような感情は体験するものの，障碍の受容過程は常に直線的，段階的に進行し変化していくものではなく，行きつ戻りつしながら進むといった考えがなされることが多い。

（2）慢性的悲哀説

　段階説に対して，オーシャンスキー（Olshansky, S., 1962）は，自らの専門的経験，及び臨床経験に基づき，知的障碍児の保護者の反応として慢性的悲哀説を提唱した。慢性的悲哀とは，知的障碍のある子どもをもつ親が子どもの生活を通じて常に体験し続ける悲しみを指しており，悲劇的な事実に対する保護者の正常で了解可能な反応と定義される。中田（2009）によれば，慢性的悲哀には，①障碍のような終結することがない状況では，悲哀や悲嘆が常に内面に存在する，②悲哀は表面にいつも現れているわけではなく，時々再起するか周期的に再燃する，③慢性的悲哀は問題の悪化だけでなく，家族のライフサイクルで起きる普通の出来事，たとえば就学，就職，結婚，転勤，老齢化などがきっかけとなることが多い，④慢性的悲哀が表面化するときには，喪失感，否認，失望，落胆，恐れ，怒りなど障碍受容の段階説でとりあげられている感情や状態と同じ反応が再起する，といった特徴があるという。オーシャンスキーは，段階説の立場は，多くの親が生涯を通じて慢性的な悲哀に苦しんでいるにもかかわらず，専門家はそれに気づかずに親に悲哀を乗り越えるよう励まし，この自然な感情の表明を妨げていると主張した。慢性的悲哀の強さは，保護者と家族の関係や状況，時期によって変化し，個人差もみられ，さらには保護者のパーソナリティーや民族集団，宗教，社会的地位などの要因からも影響を受けるとされる。

（3）螺旋形モデル

　中田（2009）は，段階説と慢性的悲哀説の双方を，障碍がある子どもの親の自然な反応としてとらえ，それらを統合した螺旋形モデルを1995年に提唱した。螺旋形モデルの考え方は，次のようなものである。親の心理には，子どもの障碍を否定する気持ちと肯定する気持ちが，コインの表裏のように常に共存し，状況に応じて，そのどちらかの感情や態度が表面化する。また障碍受容の過程は個々に異なり，その過程の途中においては，障碍を認めている保護者が障碍を否定することも起こりえると考える。この螺旋形モデルを提案した中田は，障碍受容は個人的な問題であり，専門家がむやみに立ち入るべきではないとし，障碍の認識と受容の過程で家族は紆余曲折しながらも，螺旋の階段を登るように少しずつ適応へと進むと述べる。そして，支援者がとるべき道は，どの家族も懸命に歩んでいることを信じ，保育や教育や医療や相談など自分たちの専門性を活かして家族を支えることであるとしている。

2　子どもの障碍の種類と程度による母親の障碍の受け止め方

（1）障碍の種類による受け止め方

　鈴木・江本（1985）は，自閉症児の母親16名とその他の児（ダウン症候群，脳性麻痺，知的障碍児など）の母親7名に対して質問紙調査を行った。その結果，自閉症群の母親はその他の児の場合に比べて診断を受けた時に強いショックを受け，また診断後もその他の児の母親よりも強い不安に襲われると報告した。

　中田（1995）はダウン症，小頭症など病理型の知的障碍17名，知的障碍を伴う広汎性発達障碍44名，それ以外の知的障碍11名の母親72名に対して半構造化面接によって，最初に診断された時期と親が障碍を認識した時期のズレを調査した。その結果，親が子の異常に気づき障碍を認識するまでの過程は障碍の種類によって異なっており，ダウン症や小頭症のように染色体検査やその他諸検査によって早期に診断が確定される障碍は，早期に障碍が告知されるため親は障碍を告知された時に極度の精神的混乱を示す。しかし，その後，悲しみや否認・怒りなどの感情を報告し，やがてゆるやかな順応へと移行するとしている。一方，確定診断が困難な疾患，すなわち自閉症や知的障碍の一部は外見に異常が認められず，発達の経過から年月を経て確定診断がつく場合が多いため，自閉症の親の半数が，障碍の告知時期よりも2年以上遅れて障碍を認識していた。確定診断が困難な障碍の場合は，親は子どもの発達がいつか正常に追いつくのではないか，あるいは自閉が治るのではないかという期待を捨てることが難しく，否定と肯定の入り交じった感情の繰り返しを経験せざるを得ず，障碍の種類により受容過程は異なると報告している。

　月本・足立（1998）は，障碍児通園施設に通う脳性麻痺，知的障碍，小頭症，水頭症，てんかん，小脳形成不全の子どもの母親18名を対象に面接調査を実施している。その結果，障碍の種類によって母親の不安や落ち込みが異なることを明らかにした。外見上，障碍のわかる肢体不自由児に比べて，外見上は障碍が目立たない知的障碍児のケースの方が，母親は「現実」を受け入れにくい傾向が認められた。

　夏堀（2001）は，障碍種別による母親の障碍受容過程の差異を検討することを目的とし，自閉症児の母親55名とダウン症児の母親17名を対象に質問紙調査を実

施した。その結果，ダウン症では「障碍の疑い」と「診断」の時期に差がなく，平均で生後1.4か月，自閉症の場合は「障碍の疑い」は生後23.1か月，「診断」は生後40か月であり，障碍が疑われてから診断が下されるまでには平均で約 1 年 4 か月もの期間を要していた。また，母親の心理的側面として，「現実否認」，「育児不安」，「劣等感」，「葛藤・混乱」，「育児に焦る」，「健常児との違いが気になる」，「育児困難」といったネガティブな心理状態について，ダウン症児の母親は「診断」後，約18か月の間に経験しているのに対し，自閉症児の母親では，「障碍の疑い」から「診断」までの間にこの心理を経験していることが明らかになった。自閉症児の母親にとって，「障碍の疑いから診断までの期間」が心理的に最も辛いということであろう。「障碍受容」までに要する時間の検討においては，ダウン症児の母親は障碍を疑いはじめてから17.6か月後に障碍受容に至っていたが，自閉症児の母親は37.7か月後であり，自閉児の母親の方がダウン症児の母親よりも障碍を受容するまでに要する時間が長いことが明らかになった。

　以上の研究結果から，外見上，障碍があることがわかる場合，診断が確定されやすい障碍の場合には，母親は障碍を受け入れやすく，外見上は障碍があることがわかりにくい場合，また診断もあいまいな障碍の場合には，母親は障碍を受け入れにくいといえるだろう。このように障碍の種類によって，母親の障碍に対する受け止め方が異なることが研究から示されている。

（2）障碍の程度による受け止め方

　それでは，障碍の程度についてはどうであろうか。これについて，阿南・山口（2007）が，先行研究（溝上，1974；松下，2003；多田・松尾・山内，2001）をわかりやすくまとめているが，たとえば，知的障碍児の親を対象にした溝上（1974）の研究では，知的障碍の重い子どもをもつ母親，また障碍の程度が重いと考えている親の方が不安傾向が強く，さらに親の不安傾向が強ければ子どもの受容が難しいという結果を明らかにしている。また発達障碍児の母親を対象にした松下（2003）においては，重度の場合，子どもの発達の見通しが立たないうちはネガティブな感情が強いが，見通しが立つことでポジティブな感情を強めていくのに対し，軽度の場合は，診断時において，ポジティブとネガティブな両価的感情を抱くと述べている。多田・松尾・山内（2001）は，脳性麻痺児の母親に対して質問紙調査を実施しているが，その結果，軽症の方が母親の気持ちが整理しやすいことを報告している。このように，障碍の程度については一致した見解は得られていない。

しかし，ここで重要なことは，「障碍の種類が○○だから，母親は受け入れやすい」，「障碍の程度が△△だから，母親は受け入れにくい」ということではなく，障碍の種類や程度によって，また母親自身のパーソナリティー等の個人的要因によって，受け入れ方や心理状態は異なるという点である。第1章の第3節「ダウン症の子どもを育てる母親」でも述べたように，同じ障碍名であっても，それに対する受け止め方が大きく異なる。また軽度であるから受け入れやすい人もいれば，反対に軽度であるから回復への期待が強く，受け入れることが難しい人もいるのである。西田（2017）は文献研究と質問紙調査から，改めて「障碍受容」とは何かについて考察しているが，障碍受容を構成する要素として，①子どものできること，できないことをありのまま認められること，②将来への不安はありながらも，それが緩和されていること，③「障碍あるわが子を育てていこう」と思えることの3つをあげている。そして，障碍受容の定義を「親が，子どものできることもできないこともありのままに認めて，将来への不安はありながらも，『障碍あるわが子を育てていこう』と思える状態」と述べている。障碍受容ということは，何に対しても動揺すること，悩むことがない状態ではなく，「不安はある」が，それと折り合いをつけながら生活していくことであるといえよう。

3　育児におけるストレス

（1）乳幼児期の育児ストレス

　第2節では，障碍の受け止め方について紹介したが，ここでは，障碍のある子どもを育児することによるストレスに関する先行研究を見ていきたい。育児においては，障碍のない子どもを育てている場合でもストレスは大きい。特に3歳児の母親の育児イライラ感は高く，3歳児の母親のほとんどは養育上何らかのことで困っているという報告（北村・土屋・細井，2006）や子どもが起きている間中動き回り，母親の言葉では統制ができないことからくる拘束感は反抗期である3〜4歳で最も高いという報告（吉永ら，2006）があり，特に3歳頃までの子どもに対する母親の育児ストレスは高いといえる。また，谷口ら（2015）は，1歳6か月の子どもを育てる母親を対象に，育児ストレスと育児状況の関連を検討していが，その報告によると，「おもちゃなどで大人と遊びたがったり，大人の反応を求めたりする」，「一人歩きをする」，「意味のあることばを話す」等は育児ストレスと

は負の相関にあったことから，それらの行動にはストレスを感じていないことを示していた。一方で「夜泣きをする」，「じっとせずウロウロ歩き回る」，「理由もなく泣くまたはぐずる」等は育児ストレスと正の相関を示しており，育児ストレスを感じるということである。これについて前田・中北（2017）は，自分の思い通りにならない時期は育児ストレスを増大させ，ある程度，母親の思い通りに子どもが行動できるようになると育児ストレスは大幅に減少するとし，子どもが母親の言うことを聞く，一人で歩けるといった行動は子どもの成長を感じられるものでもあることから，ストレスよりも喜びなどの感情が大きくなり母親としての自信がつくなどプラスに働くと推測されるとしている。これは，子育てを経験した人の多くが感じていることであろう。つまり，言葉による意思疎通がはかれること，一人で歩けるようになることといった成長は，子育てにおいてポジティブな影響を与えるが，意思疎通がはかれない，指示がきけないといったことはストレスになることがわかる。子どもが幼い頃，「手がかかるのは今だけ」，「子どもはすぐに大きくなる」といった言葉をかけられることがある。しかし，障碍のある子どもを育てる場合は，子どもが乳幼児の時，多くの親が感じている育児の困難感を長期間，場合によっては一生涯感じるのである。そこに障碍のある子どもの育児の大変さがあると思われる。

（2）障碍の有無による育児ストレス

　実際に障碍のある子どもと障碍のない子どもの母親を対象にした研究においても，それが明らかにされている。新美・植村（1980）は，自身が作成した25下位尺度から障碍のない子どもの母親にも適応できるもの16下位尺度を用い，障碍のある子どもの母親と障碍のない子どもの母親に対し，母親の心的負担の高低を比較した。その結果，16下位尺度すべてにおいて，障碍のある母親の方が有意に高い得点を示した。また，新美・植村（1981）は，4～6歳の同年齢の障碍のない幼児の母親との比較を行う中で，障碍のない幼児の母親群では，子どもの年齢の上昇に伴ってストレス量が有意に低減していくのに対し，障碍児の母親群では，子どもの年齢要因の効果がほとんどの尺度にみられず，少なくとも3年間に変化がないことを示した。

（3）障碍の種類による育児ストレス

　障碍のある子どもの育児とひとくちにいっても，障碍の種類によってもその困

難さは異なることが予想される。障碍の種類によるストレスの差異に関する研究を紹介したい。植村・新美（1981）は，学齢前の障碍のある幼児の母親646名を対象に母親のストレスの構造について質問紙調査を実施している。その結果，ストレスの構造としては「家族外の人間から生ずるストレス」，「障碍児の問題行動そのものから生ずるストレス」，「障碍の発達の現状および将来に対する不安から生ずるストレス」，「障碍児をとりまく夫婦関係から生ずるストレス」，「日常生活における自己実現の阻害から生ずるストレス」の5因子が抽出された。そして，ダウン症と自閉症のストレス・パターンの対照性，重症心身障碍群のストレス・パターンの特異性，および肢体不自由群のストレスの相対的低さの3点を見出している。1点目のダウン症と自閉症のストレス・パターンの対照性については，ダウン症の場合「家族外の人間から生ずるストレス」は高いが，「障碍児の問題行動そのものから生ずるストレス」，「障碍の発達の現状および将来に対する不安から生ずるストレス」，「日常生活における自己実現の阻害から生ずるストレス」については低いのに対し，自閉症の場合は「家族外の人間から生ずるストレス」はそれほど高くないが，「障碍児の問題行動そのものから生ずるストレス」が高かったということである。2点目の重症心身障碍群のストレス・パターンにおいては，「日常生活における自己実現の阻害から生ずるストレス」が他の障碍に比べて非常に高かったことを示している。2点目については，肢体不自由児を育てている母親は相対的にストレスを感じにくい状態であったということである。

　稲浪ら（1994）は5つの障碍（重度重複障碍・自閉症・肢体不自由・知的障碍・進行性筋ジストロフィー）で比較を行っているが，重度重複障碍児の親は「精神的苦悩」，「悲観主義」，「過保護／依存」，「将来への不安」，「社会的孤立」，「家族への負担」，「家族の和合の欠如」，「知的能力の制限」，「子どものケアーの必要」の9尺度で最高の得点を示した。進行性筋ジストロフィー児の親は「身体能力の制限」の1尺度で最高の得点を示した。また自閉症児，肢体不自由児，知的障碍児の3群の子どもの親について検討した結果，自閉症児の親は他の2群に比べ，「家族への負担」と「知的能力」の制限の2尺度，肢体不自由児の親は「身体能力の制限」の1尺度で高いストレス値を示した。その他にも，障碍児の母親のストレスは，ダウン症が低く，知的障碍群，脳性麻痺群，自閉症群の順にストレスが高くなることを示した報告（蓬郷・中塚，1989）やストレスは自閉症児群が最も高く，肢体不自由児群，精神遅滞児群，視覚障碍児群の順で低くなったこと（小椋・西・稲浪，1980）が示されている。以上から，障碍の種類によって，

また障碍の程度によって，ストレスの程度が違ったり，ストレスを感じる側面が異なったりすることがわかる。

4　レジリエンス

　これまで，障碍のある子どもを育てることの困難さやストレスを論じてきたが，障碍のある子どもを育てることはネガティブな側面だけではなく，ポジティブな側面を生じさせることが経験的にもデータからも示されるようになった。しかし，肯定的な側面ばかり強調すると，第1節で述べた障碍受容と同様，障碍を受容している親が理想化される危険性があるように，子育てをすることで，自己の成長感を感じなければいけないような気持ちを抱かせ，親を追い込む危険性がある。そこで，この節では，「レジリエンス」という概念に注目してみたい。

（1）レジリエンスと心的外傷後成長
　「レジリエンス」はもともと物体の「弾力性」や「跳ね返す力」を意味する物理的用語であったが，現在では，「心の弾力」や「回復力」として，心理学や精神医学の中で注目されている。つまり，虐待や病気，大切な人との死別といった辛く悲しい出来事に対して，適応しながら生きていくことを指す。類似概念に，心的外傷後成長（Posttraumatic Growth；以下，PTG）がある。これは，過酷な経験をした後に生じる心的外傷後ストレス障碍（Posttraumatic Stress Disorder；以下，PTSD）を経験した際に，その経験を，人として成長した，意味があったというようなポジティブなものととらえる概念であり，PTSD後，PTGが確認される人もいる。
　西（2016）は，レジリエンスとPTGを以下のように比較している。レジリエンスは，1980年代頃から言われ始めた概念であり，逆境にさらされて元にもどる力，プロセスであり，強風に吹かれた樹木が枝をしならせながらも，やがて元にもどっていくイメージである。それに対して，PTGは，1990年代後半から言われ始め（Tedeschi & Calhoun, 1996），非常に困難な状況での苦悩の結果として体験される肯定的な心理学的変容（Calhoun & Tedeschi, 1999）であり，樹木が強風に吹かれて，何本か枝が折れ，葉も散り，以前とは違う形で樹木としての命が続いていくというイメージである。また仁平（2014）は，レジリエンスと類似した概念とし

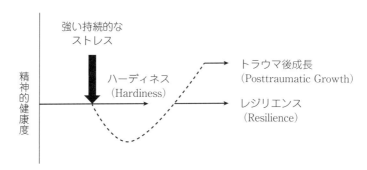

図4-1　「レジリエンス」「ハーディネス」「トラウマ後成長」(仁平, 2014)

て，「ハーディネス」（強く長く続くストレスは存在するものの，心の頑強さによって精神の健康レベルがマイナスの状態になることがなく，そのままのレベルに保たれる）と「トラウマ後成長」をあげ，それらを図4-1のように区別している。宅（2017）はレジリエンスとPTGの概念整理を丁寧に行っているが，レジリエンスとPTGは別物だととらえるほうが良かろうと結論づけている。つまり，レジリエンスは，辛いことがあれば落ち込むが，それを引きずらず，立ち直る「心のしなやかさ」である。

（2）レジリエンスに関する先行研究

　障碍のある子どもが産まれると，多くの人は，自分の考えていた子ども像，子育て像とは違う現実に落ち込むであろう。第1章から第3章に紹介した方々も，ダウン症のショウさんの母である近藤さんと発達障碍の息子2人の母である山田さんを除いて，みなが「ショック」を受けていた。しかし，面接の中で語られたのは，ただ「ショック」を受けただけではなく，決して思い通りにいかない日常の現状を，折り合いをつけながら生きている姿であった。以下に障碍のある子どものいる家族や母親のレジリエンスに関する研究を紹介する。

　得津（2009）は知的障碍者家族13名に面接調査を実施し，M-GTAを用いて，強度の行動障碍を呈する知的障碍者の家族が日常生活を維持していくプロセスを明らかにした。その結果，「安定した日常生活に至るプロセス」，「困難を支える力」，「アンビバレンスを乗り越える現実構築力」の3つの中核的概念が抽出された。知的障碍者の家族が，その常ならぬ生活を日常生活として，「家族」を投げないで，家族生活を維持していくプロセスは，障碍のある子どもや，並々ならぬ困難な日常が「フツー」になっていくプロセスであり，決して思い通りにいかない日常の現状を，肯定的なものへと変換させる過程が明らかになった。それは，

単に絶望から受容へと直線的に変化するのではなく，受け入れては，絶望し，落ち込んでは，パワフル，ハイになり，という絶望と期待，安心立命と見果てぬ夢の繰り返しであったという。

　また，鈴木ら（2015）は，自閉症スペクトラムの子どもをもつ母親において，養育困難があるにもかかわらず，良好に適応する思考過程を養育レジリエンスと考え，その構成要素を明らかにすることを目的に，母親23名に面接調査を実施した。その結果，発達障碍児・者の養育において，母親は親意識と自己効力感によって動機づけられ，子どもの特徴理解を踏まえて対応策を考え，社会的支援を活用し，子どもの特徴や社会的支援に基づき成り行きを見通すことで，子どもを取り巻く問題に対する適切な対処を導き出していることを明らかにした。その中で，レジリエンスと障碍受容の関係について，興味深い考察を行っている。研究対象の母親の一人から発せられた「おなかにいる時からやり直したいですね。また，ちょっと，違う子になっているかも」という語りは，発達障碍のある子どもの存在を認めたくない感情を表すものであると推察され，慢性的悲哀という解釈も可能である。他方，この母親の面接データから，子どもに適切な対応をしていることが推察され，養育レジリエンスが高い母親であることも判断できた。そこで，本研究で提案する養育レジリエンスは，障碍受容とは独立するものであると考えられると述べられている。そして，養育レジリエンスという枠組みを用いて発達障碍児・者の母親を理解することで，障碍受容とは異なる側面で母親の状態をとらえることができ，支援者が母親について慎重に把握できるようになるとも考えられると考察している。

　筆者ら（渡邉・菅原，2016）の複線径路・等至性モデル（TEM）を用いた分析においても，何らかの出来事（障碍児自身の出来事，家族の出来事，母親の出来事）によって，受け入れては絶望し，絶望しては受け入れるといったことを繰り返していた。つまり，永続的なストレス，慢性悲哀は常に存在しながらも，「今」に対処しながら生きており，研究協力者のレジリエンスが確認された。しかし，ここで興味深いのは，協力者自身はレジリエンスが育まれていることを認識してはいない点であった。それゆえ，自分自身の「逆境や困難から立ち直る力」の存在やその内容を知ることは，それを上手く活用していく手立てになると考える（仁尾，2011）ため，レジリエンスが育まれていることを知らせることも有効な介入であると考える。「いろいろな困難はあるけれど，どうにか折り合いをつけながら生きていること」が，レジリエンスに他ならないということを広く発信する

ことで，気持ちが楽になる家族が少しでも増えるのではないだろうか。

　この章では，障碍のある子どもをもち，そして育てる親の心理過程に関する研究を見てきた。苦悩の中で，現実を受け入れている人であっても，何かの拍子に現実と向き合いたくない時，非常なストレスを感じる時はあるだろう。それは長期的なスパンで起こることもあるだろうし，1日という短いスパンの中で起こることもあるだろう。また，育児を振り返ってみると，いろいろな肯定的な変化があるかもしれない。しかし，ないかもしれない。多様な生き方，心理，選択，環境があると思うが，トータルとして，それでも生きているということが尊いことだと筆者は考えている。

引用・参考文献

阿南あゆみ・山口雅子　2007　我が子の障害受容過程に影響をおよぼす要因の検討―文献的考察―　産業医科大学雑誌，29，183-195.

Calhoun, L. G., & Tedeschi, R. G. 1999 *Facilitating Posttraumatic Growth: A clinician's guide.* Routledge.

Droter, D., Baskeiwicz, A., Irvin, N., Kennel, J. H., & Klaus, M. H. 1975 The adaptation of parents to the birth of an infant with a congential malformation: A hypothetical model. *Pediatrics,* 56, 710-717.

稲浪正充・小椋たみ子・Rodgers, C.・西　信高　1994　障害児を育てる親のストレスについて　特殊教育学研究，32，11-21.

北村眞弓・土屋直美・細井志乃ぶ　2006　子どもの年齢別にみた母親の育児ストレス状況とストレス関連要因の検討―父親との比較に焦点をあてて―　日本看護医療学会雑誌，8，11-20.

前田　薫・中北裕子　2017　乳幼児をもつ母親の育児ストレスの要因に関する文献検討　三重県立看護大学紀要，21，97-108.

松下真由美　2003　軽度発達障害児をもつ母親の障害受容過程についての研究　応用社会学研究，13，27-52.

三木安正　1956　親の理解について　精神薄弱児研究，1，4-7.

溝上脩　1974　精神薄弱児をもつ親の不安傾向と子ども受容　佐賀大学教育学部研究論文集，22，35-43.

中田洋二郎　1995　親の障害の認識と受容に関する考察―受容の段階説と慢性的悲哀―　早稲田心理学年報，27，83-92.

中田洋二郎　2009　発達障害と家族支援―家族にとっての障害とはなにか―　学習研究社.

夏堀摂　2001　就学前期における自閉症児の母親の障害受容過程　特殊教育学研究，39，11-22.

仁平義明　2014　レジリエンス研究の現在　児童心理，68，909-916.

新美明夫・植村勝彦　1980　心身障害幼児をもつ母親のストレスについて―ストレス尺度の構成―　特殊教育学研究，18（2），18-33.

新美明夫・植村勝彦　1981　就学前の心身障害幼児を持つ母親のストレス―健常幼児の母親との比較―　発達障害研究，3，206-216.

西　大輔　2016　レジリエンスを考える　保健の科学，58，724-729.

仁尾かおり　2011　思春期・青年期にあるダウン症の子どもをもつ母親のレジリエンス―背景要因と自立に対する認識によるレジリエンスの差異―　日本小児看護学会誌，20（3），43-50.

西田宏太郎　2017　障害ある子どもを育てる親の障害受容に関する研究―発達障害児を育てる親の支援を考える―　四天王寺大学大学院研究論集，11，163-193.

小椋たみ子・西　信高・稲浪正充　1980　障害児をもつ母親の心的ストレスに関する研究（Ⅱ）　島根大学教育学部紀要　人文・社会科学，14，57-74.

Olshansky, S. 1962 Chronic sorrow: A response to having a mentally defective child. *Social Casework*, 43, 190-193.

鈴木浩太・小林朋佳・森山花鈴・加我牧子・平谷美智夫・渡部京太・山下裕史朗・林 隆・稲垣真澄　2015　自閉症スペクトラム児（者）をもつ母親の養育レジリエンスの構成要素に関する質的研究　脳と発達，47，283-288.

鈴木乙史・江本美也子　1985　自閉症児の母親の障害受容と人格変容過程に関する研究その1―自閉症児の母親の特徴―　母子研究，6，48-54.

多田美奈・松尾壽子・山内葉月　2001　子どもの障害を受容したきっかけと受容過程　助産婦雑誌，55，346-351.

宅香菜子　2017　レジリエンスとPTG（心的外傷後成長）　臨床心理学，17（5），654-658.

田中千穂子　1990　ダウン症児に対する母親の受容過程　心理臨床学研究，7，68-80.

谷口美智子・小倉由紀子・高田理衣・加藤　泉　2015　東濃地区における第一子幼児（1歳6ヵ月児）を育てる母親の育児状況と育児ストレスに関する要因の検討　中京学院大学看護学部紀要，5，41-52.

鑪幹八郎　1963　精神薄弱児の親の子供受容に関する分析的研究　京都大学教育学部紀要，9，145-172.

Tedeschi, R. G., & Calhoun, L. G. 1996 The posttraumatic growth inventory: Measuring the positive legacy of trauma. *Journal of Traumatic Stress*, 9, 455-471.

得津慎子　2009　知的障害者家族にみる日常生活を維持する力―M-GTA によるプロセス研究―　関西福祉科学大学紀要，13，19-35.

蓬郷さなえ・中塚善次郎　1989　家庭における父母の養育態度と子供の情動表出行動　鳴門教育大学学校教育研究センター紀要，3，47-54.

月本由紀子・足立自朗　1998　障害児をもつ母親の受容と立ち直りに関する研究　埼玉大学紀要（教育学部）教育科学，47，51-67.

植村勝彦・新美明夫　1981　心身障害幼児をもつ母親のストレスについて―ストレスの構造―　特殊教育学研究，18（4），59-69.

渡邉照美・菅原伸康　2016　障がいのある子どもの家族のレジリエンス　日本質的心理学会第13回大会プログラム抄録集，54.

山崎せつ子・鎌倉矩子　2000　事例報告：自閉症児Ａの母親が障害児の母親であることに肯定的な意味を見出すまでの心の軌跡　作業療法，19，434-444.

吉永茂美・眞鍋えみ子・瀬戸正弘・上里一郎　2006　育児ストレッサー尺度作成の試み　母性衛生，47，386-396.

（渡邉照美）

第5章

母親の人生を考える

これまでの章で，障碍のある子どもを育てる母親の心理について紹介してきた。ここでは，母親という親としての自分ではなく，母親自身が人生を生きていくことについて考えてみたい。

1 母親自身のアイデンティティ

　前盛（2009）は，障碍児をもつ体験は母親自身のアイデンティティ危機であり，子どもとの「関係性」の危機でもあり，障碍児や病気の子どもの母親を対象とした研究においては，母親自身の「成長」が子どもや障碍に対する態度と関連してとらえられ，母親のアイデンティティや生き方が子どもと切り離されていないことは注目に値すると指摘する。そして，その背景には，母親が子どものための存在か自身のための存在か，という母親自身のもつアイデンティティの定まりにくさ（橋本，2000）があると述べている。障碍のある子どもの母親自身のアイデンティティについての研究はほとんど見当たらないが，ここでは松元（2005，2006）と前盛（2009）の興味深い研究を紹介したい。

　松元（2005）は障碍のない子どもの親の研究では，はっきりとした結果が得られていないまでも，育児を通した親の側のアイデンティティについて研究が始められていると述べる。一方，障碍児をもつ親に関する研究では親としての側面からしか研究されておらず，1人の人間としてとらえた研究はなされていないと指摘している。そして，障碍児をもつ母親を理解するためには，親としての側面だけでなく，1人の個人としての理解が本当の母親理解のためには必要であるという問題意識から障碍児の母親自身のアイデンティティと自己成長感の関連を検討している。その結果，子どもの障碍種と母親の自己成長感には有意差は認められなかったが，子どもの障碍の有無と自己成長感との関連においては，自己成長感を感じる内容が異なっていたことが明らかになった。「子ども中心」（例：いろいろな見方で物事を考えられるようになった，子どもの気持ちを考えるようになった），「自分の存在」（例：長生きしなければと思うようになった，自分の健康を考えるようになった），「交友関係」（例：子どもを通して交友関係が広がった，子どもを通して大切な友人ができた）では「障碍のある子どもの母」の方が「障碍のない子どもの母」より成長感を感じており，「自己抑制」のみ，「障碍のない子どもの母」が「障碍のある子どもの母」よりも成長感を感じていた。ここでい

う「自己抑制」は「自分のほしいものを我慢するようになった」,「自分本位の考えや行動をしなくなった」という2項目が含まれているが,障碍児の母親の場合,障碍児を育てる中で,自己主張をしなければ子育てできない場面が多くあり,子どもを守るためには,自己を抑制するのではなく,必要な時に主張をすることの大切さを感じるのではないかと考えられる。また,アイデンティティと母親の就業の関連を検討した結果,職業が障碍児の母親に特徴的に関与し,フルタイムで働くことが自我の発達を促し,無職であると障碍のない子どもの母親よりも自我の低下が認められたとしている。松元（2006）によると,母親のアイデンティティ達成度は,子どもの障碍の種類と育児の困難度との関連が認められ,育児困難度の高い母親はそうでない母親よりもアイデンティティ達成度が有意に低いことが示された。

　前盛（2009）は,重症心身障碍者の母親におけるアイデンティティ危機体験の様態の類型化とアイデンティティ発達過程の特徴を面接調査により質的に検討している。その結果,障碍児をもつ体験という危機に対しては,自己の模索そのものより,子どもとの「関係性」への関与の深さが,母親自身の発達・変容における重要な要素となる可能性が示唆されると述べている。その中で,戈木クレイグヒル（1999）を引きながら,小児がん患児の母親は看病を通して,子どもにとって有用な自分,かけがえのない自分というアイデンティティを作り上げていき,子どもと情緒的に一体化し,自分のアイデンティティと子どものアイデンティティを同一視した独特のアイデンティティを基盤とした発達が認められるという。そのプロセスにおいて,母親の「個」は重視されない。母親は子どもの世界に深く入り込み,その独特の世界の中で母親の支えとなるような豊かな活力を与えられ,自己の生き方に対する主体的な納得と充実感を得ている。なかには,障碍のある子どもの母親としてのアイデンティティを基盤とし,公的な領域へと活動を展開することによって,「個」としての充実感をもつものもみられる。このようなアイデンティティ発達は,母親の危機体験独特のものと考えられる。

　筆者らは,障碍のある子どものいる母親がどのようなライフコースを選択するのかについて面接調査を実施した（渡邉・菅原, 2014）。その結果,障碍児を育てるという経験において,母親のライフコース選択は,子どものライフコース選択に大きな影響を受けており,特に障碍児が幼い頃は,母親自身が主体的にライフコースを選択することは皆無であることが明らかになった。母親の「個」は重視されず,子どもとの「関係性」の中で生活をしていた。これには,母親が主体的

にライフコースを選択するだけのサービスが整っていないこと，また元々，母親のライフコース選択において，子育て中に仕事することを優先していないこと，母親の障碍観（例：障碍児は家族が面倒をみるもの）が影響していると推測された。

　第1章の伊藤さんは，面接に協力してくれた2年間の間に，ナオトさんの母親と育児サークルの代表としてのアイデンティティではなく，友人の死や育児サークルの岐路，SNSを通して，障碍のない自分，障碍のない次男と三男の生活も大切にすることに気づき，「個」のアイデンティティを再体制化したものと考える。伊藤さんは，ナオトさんと次男，三男の子育てを通して，自分自身の育ちに向き合ってきた。その結果，「個」のアイデンティティが確立したのだろうと考える。これまでの障碍のある子どもの母親の研究においては，稀なケースであるかもしれないが，このように「個」も大切にしながら生きることは当然保証されるべきである。一方で，「個」を重視することがよいといっているわけではなく，母親としての「関係性」のアイデンティティで充実感を得ることができるのであれば，それもアイデンティティ発達としては認められるべきである。ましてや障碍のある子どもを育てていると，療育に行くのか行かないのか，どの療育を選ぶのか，手帳の取得はどうするのか，就学先はどうするのか等，情報を集めたり見学をしたり手続きをしたりと母親として決定しないといけないことが障碍のない子どもを育てる場合よりも多くある。そして，その度に障碍があることに向き合わざるを得ない。これを子どもが幼少期の頃から繰り返す母親は，多くの場合，母親として主体的な選択をし続けているのである。それゆえに，自分のことを脇に置かざるを得ない。伊藤さん自身もそのように生きてきた。母親は，自分の人生を大切にしてもいいとはなかなか考えられないかもしれず，また物理的にも難しい面はあると考えるが，自分自身の人生，「個」を大切にすることはいけないことではないと，周囲のものが伝えていくことは母親支援につながるのではないだろうか。本章の第3節にあげているが「親亡き後」のことを考えると，いつか自分と子どもを離して考える時が予想されるため，その時に「個」も重視して大丈夫だと示しておくことが大切であろう。

2　働くということ

　現在，乳幼児の子育てをしながら，母親が働くことは珍しいことではない。しかし，障碍のある子どもを育てている場合はどうであろうか。第 2 章の高橋さんのエピソードの中に，障碍がわかった当初，「自分はこの子の介護じゃないけど，介護をやっていくんだなって思って」おり「働けるとは思ってもみなかった」という語りがあるように，障碍のある子どもの母親が就労することの難しさがわかる。そもそもなぜ，障碍のある子どもの母親の就労が困難になるのかをみてみよう。

（1）障碍のある子どものケアを担う母親

　田中（2017）は，通常の子育てにおいても，就労と家事・子育ては強い緊張関係にあるのに，障碍者のケアもとなるとさらに大きな葛藤を生じさせることとなると述べる。そして，障碍者のケアには，母親には子どものケアの専従者となるようにという社会的期待が大きく，子どもの日常生活のさまざまな場面において母親は就労を含む自分自身の人生を脇において，子どものケアに専念することが求められると指摘している。土屋（2002）は，障碍者家族研究のレビューを行っているが，そこからも障碍児・者の家族はケアを担う存在とみなされ，そこに関心を向けられることが多かったという。

　重度重複障碍と重症心身障碍の子どもの母親を対象とした藤原（2005）の研究においても，母親は子どものことに専念して当たり前であり，子どものことを最優先に考え，熱心に活動している母親が，障碍児の母親モデルであり，療育や教育の関係者のみならず，母親同士の間でもそれが絶対化していると述べる。反対に，母親がフルタイムで働くことや，子どもから離れた場所で活動するという生き方は特別視されるのである。上村ら（1999, 2000）は，就学前の障碍児の母親47名（うち就労者 8 名）および特別支援学校に通う障碍児の母親259名（うち就労者87名）を対象に質問紙調査を行った。その結果，無職の母親の多くが就労への希望をもちながらも，性別分業意識や障碍児は母親が世話をすべきといった社会的通念，子どもの預け先がないことなどを理由に就労を断念していることを示した。

美浦（2018）が指摘するように，障碍児には「子育て」という言葉に包摂しきれない，介助，看護，療育，医療，教育，福祉のコーディネート等，直接・間接のケアが必要である。定型発達児であれば加齢とともに子育てに要するケアは減少するが，障碍児へのケアは個人差こそあれ，加齢しても継続する。つまり，母親は障碍のある子どもを産んだことによって，ケアの担い手として社会から期待され，また母親自身もケアを担わなければいけないと思い込む構図があり，それが就業を困難にさせる要因であると考えられる。

（2）母親の就労状況と就労意識

第1項で述べたとおり，障碍のある子どもを育てる母親は就労継続が難しい状況にあるといえる。それでは実際に就労状況について調査している研究をみてみよう。

江尻・松澤（2013）は，障碍児の母親103名（平均年齢43歳，6割が40代）に対し，質問紙調査を実施した。その結果，有職者54名，無職者（専業主婦）48名であり，就労率は55％であった。その当時の40代有配偶者女性の就労率68.5％と比べるとはるかに低かった。また上述の結果は，成人知的障碍者（18歳以上）の母親639名を対象とした田中（2010）の報告に一致するものであった。その報告によれば，障碍者の母親の就労率は，どの年代においても一般女性のそれに比べて低く，たとえば50代女性の就労率は，一般有配偶女性（2005年全国国勢調査）では61.5％であるのに対し，知的障碍者の母親は39.8％であった。

荒木ら（2019）は，医療的ケア児の保護者75世帯（母親73世帯，父親2世帯）に質問紙調査を実施しており，母親が「現在，就労している」と回答したのは32世帯（42.7％）であり，そのうち10名（31.3％）が正規雇用，22名（68.7％）はパートタイムであった。就労している母親32名のうち，専門的・技術的職業に従事している者が17名（53.1％）であった。興味深いのは就労している母親のうち17名（53.1％）の職種が専門的・技術的職業であったことである。それについて，荒木ら（2019）は，専門職は一般職より職場の選択や勤務時間の調整などが容易となり，就労に関してさまざまな制約を受ける医療的ケア児の母親でも就労が可能となると考察している。就労に対する考えについては，母親72名中64名（88.9％）が，現在の就労の有無にかかわらず，「就労したい」あるいは「就労していたい」との希望があった。就労を希望する理由としては「経済的理由」（45名，62.5％）と「自分自身のやりがい」（32名，51.4％）があげられていた。就

労を可能にするためには，「職場の理解」（48名，66.7%）と「家族の理解」（14名，19.4%）が必要という回答があり，その他の回答として「勤務時間の調整が可能な柔軟な職場の確保やデイケアなどの預け先の拡充（施設数の増加および預けることが可能な時間の拡大）」，「自宅での見守りを行う保育事業」や「通学・通院・入院時のヘルパーサービスを可能とする」などの制度改革を望む声があった。一方で，状態の不安定な医療的ケア児の通院や介護に専念するために「働きたくない」と回答した8名（現在働いていないし今後も働きたくない：3名，4.2%，現在働いているが今後は働きたくない：5名，6.9%）もいた。

　つまり，障碍のある子どもの母親の就労率は，どの年代においても一般女性のそれに比べて低く，就労意識については，働きたいと望んでいる母親が多いといえるだろう。次の項では，母親が働くことのメリットについて考えてみたい。

（3）母親が働くことによるメリット

　母親が働くことによって，経済的に豊かになるということはメリットの1つであるが，もうひとつ大事な側面として，心理的な健康を得ることができるということであろう。

　第1項でも紹介した上村ら（1999）は，同調査において，就労中の母親は，未就労の母親に比べて，時間に追われるものの，精神的に安定していることと子どもの存在や成長を客観視する傾向があることを報告した。また上村ら（2000）は，就労のメリットとして，就労している回答者の大半が「気分転換」をあげたと報告している。同様に，久保山（2006）も，障碍児を育てながら働く母親への面接調査において，仕事を続けてきて良かったこととして「気持ちが切り替えられる」という内容の回答が最も多かったことを報告している。須田・坂田（2006）は，養護学校（調査当時）に通学している障碍のある子どもの母親157名について質問紙調査を実施しているが，常勤的職業をもつグループの方がもたないグループよりも育児の負担感が低いという結果を得ており，子どもの世話から母親が一時的に解放されることが必要になることが示唆された。子どもの母親としてではなく，ひとりの人間として，社会の一員であるという認識が精神的健康に肯定的な影響を及ぼすのである。

（4）母親の就労に影響を与える要因と多様な働き方・生き方の選択

　障碍のある子どもの母親が就労することには経済的視点からも，精神的健康の

視点からもメリットがあるといえるが，それではなぜ就労が難しいのだろうか。江尻（2014）は，障碍児の母親における就労に関する国内外の研究を概観しているが，母親の就労に与える要因の１つとして，子どもの障碍の程度をあげている。つまり，子どもの障碍が重いほど，親の就労が困難になるということである。また障碍の種類に言及する研究もあり，自閉症児を育てる親は，それ以外の障碍児を育てる親に比べて，より就労が困難であるという報告もあると述べている。

　また，丸山（2011）は，障碍のある子どもを育てる21人の母親へのインタビュー調査から，母親の就労に影響を与える要因として，以下をあげている。

　　① 学校の長期休業期間に特に大きくなる放課後・休日における子どものケアの必要性。
　　② 子どもの体調不良への対応，病院や訓練機関などに子どもを通わせること，子どもの学習の援助をすること，PTAや「親の会」の活動への参加など，障碍のある子どもを育てるうえで母親に求められるさまざまな役割。
　　③ 障碍のある子どもの祖母など，母親以外の家族による援助の状況。
　　④ 障碍のある子どものケアに関わる社会資源の状況。
　　⑤ 障碍児を育てる母親の労働環境。

　そして，これらの要因は，子どもを育てる母親一般の就労に影響を与える要因と共通する部分が少なくないと考えられるが，子どもの障碍と関係する部分として，より手厚いケアが必要になる場合が多いこと，子どもの年齢が上がってもケアの必要性があまり小さくならない場合も多いことなどが障碍のある子どもを育てる母親の就労をめぐる独自性であると指摘している。第２章の高橋さんの語りにもあったが，現在，高橋さんはパートタイムで勤務している。それは学校と放課後等デイサービスによって，日中の時間が確保できるようになったからである。しかし，特別支援学校高等部卒業後は働くことが難しいのではないかと語った。障碍のない子どもであれば，高等学校卒業後は母親の子育ては一段落するというイメージであろう。しかし，障碍のある子どもの場合，学校教育が終了すると同時に，就学前と同様，ケアの比重が母親に重くのしかかる可能性があるということを示唆しているだろう。

　それでは就労を継続するためには，どのような要因があるのだろうか。その１つとして，祖父母の存在がある（丸山，2013）。祖父母の援助があることで母親の就労が支えられているという状況は，必ずしも障碍児の母親だけにみられるもの

ではないとしながらも，障碍児の母親の場合，就労するために他者による子どものケアが必要になるという状況が，子どもの幼い時だけではなく，成人した後にも存在する点で大きく異なると述べている。小木曽（2014）は，面接調査を実施し，就労継続支援の資源について分析している。その結果，「職場資源（産前産後休業，育児・介護休業制度，年次有給休暇，短時間勤務制度，柔軟な勤務時間など）」，「社会資源（保育所，学童保育，ガイドヘルパー，日中一時支援，学生ボランティアなど）」，「家族資源（祖父母，夫，伯父・叔母などその他親族）」が示された。

　一方で，丸山（2011）は，母親・家族に依存しないケアのあり方の確立は必要であるが，母親の就労に影響を与える要因の中には，社会化することが常に望ましいとは単純にいえないであろうケアの領域（たとえば，子どもの体調不良に対する対応や通院への付き添い）があると述べている。また，自らの就労よりも子どもの訓練を優先した母親や，「親の会」の活動のために自らの就労を制限している母親がいることが，インタビュー調査から示されており，子どものケアよりも就労が優先されなければならないとはいえないであろうと重要な指摘をしている。第2項で紹介した荒木ら（2019）の調査においても，「働きたくない」と回答した母親が約1割いた。障碍児の母親の就労問題を扱った研究の多くは，さまざまなデータをもとに最終的には障碍児の母親の就労をどのように支援していくのかに言及しているが，障碍のある子どもの母親のなかには，さまざまな理由から，就労を希望しないケースもあるということである（江尻，2014）。

　働きたいと希望している人には障碍のある子どもがいることで働けないという

状況にならないよう働ける環境整備が必要であるし，子どものケア役割を大部分担いたいと考えている人にはそれが保障されることが必要である。母親自身のアイデンティティの問題とも通ずるが，どのような選択であれ，要は主体的にその時に納得して母親がそれを選び取ったかどうかということが重要になるのである。そのためには，多くの選択肢が用意されている必要があり，またどのような考え方，生き方も容認する姿勢が必要とされているだろう。

3　親亡き後を考える

　令和元年版障害者白書（内閣府，2019）によると，身体障碍児・者の総数は436万人，知的障碍児・者の総数は108万2千人である。そのうち在宅者数と施設入所者数を見てみると，身体障碍児・者の18歳未満の在宅者数は6万8千人，施設入所者数は3千人，18歳以上の在宅者数は412万5千人，施設入所者数は6万9千人，知的障碍児・者の18歳未満の在宅者数は21万4千人，施設入所者数は7千人，18歳以上の在宅者数は72万9千人，施設入所者数は11万3千人であり，18歳以上に絞ると在宅率は，身体障碍者は98.4%，知的障碍者は86.6%となる。18歳以上になっても家族と同居することが当然となっている状況がある。また植戸（2019）は「平成28年生活のしづらさなどに関する調査」（厚生労働省，2018）を基に，65歳以上の在宅障碍者の高齢化率（65歳以上の占める割合）を計算しているが，在宅知的障碍者の高齢化率は15.5%，在宅身体障碍者の高齢化率は72.6%であり，2011年の前回調査に比べて，わずか5年間で在宅知的障碍者は6.2%，在宅身体障碍者は3.9%増加したと述べている。そして，親との同居率については，知的障碍者は92%，身体障碍者は48.6%となっており，障碍の種類によって大きな差はあるものの，障碍のない人と比べれば，高齢の親と同居し，高齢の親がケアしている構図が浮かび上がる。

　障碍のある人ととともに暮らしている人を対象にしたきょうされん（2010）の調査によると，介護者は母親が64.2%でもっとも多く，次いで父親が25.4%，きょうだいが4.5%と続いた。介護者の年齢階層でもっとも多かったのは60歳代で33.6%，次いで50歳代33.3%，70歳代15.8%であった。ここからも家族が障碍のある子どもと暮らし，介護者である家族が高齢化している現実がわかる。

　障碍のある子どもの親は，親亡き後のことを不安に思っているが，子どもの自

立を考えながらも，子どもを施設に預けることに抵抗を感じることも少なくない。佐々木ら（2016）は，知的障碍のある子どもの高齢期の母親に面接調査をしているが，子離れ・親離れの必要性の認識を感じていながらも，子どもへの愛情や施設へ預ける罪悪感，淋しさといった親子の精神的つながりにより，親なき後の生活場所を決断することへの葛藤を感じていた。また望月・秋山（1999）の重複障碍のある知的障碍者の親に対する調査では，21家族に調査を実施しているが（子の平均年齢34.1歳，父親の平均年齢65.3歳，母親の平均年齢63歳），「入所させたい気持ちとさせたくない気持ちが葛藤している」3例，「今のところまだ施設入所させたくない」4例，「入所させる気がない」5例，「将来についてまだ考えられない」9例であった。「葛藤している」親は，子の行動障碍が強い時や配偶者と子の介護に追われる時，将来のことを考える時に入所させたいと感じるが，現状では子に適した施設がないので入所させたくないと考えていた。将来について不安をもちながらも「まだ入所させたくない」と考える親は，親が「子」を世話するのが最善と考え，できる限り在宅生活を続けたいと考えていた。三原・松本（2005）の調査では，子どもの障碍の程度にかかわらず，障碍者の老後について不安を抱えていたことを明らかにしており，きょうだい児にケアは期待しないという結果が示された。

　第2章の平野さんの語りにもあったように，メグミさんを施設に預けることに罪悪感を感じていた。しかし，平野さん自身が病気になったことが契機になり，施設に預けることを現実的な問題として考えるようになった。そして，障碍のない子どもの場合であれば，自立して，親と別々に暮らすことは当たり前のことであり，それは障碍のある子どもであっても同様であり，親と別々に暮らすことに罪悪感をもつ必要はないと考えるようになっている。とはいえ，葛藤がすべて払拭されたわけではないだろうが，このように「障碍のない同年代の子ども」であれば，どうなのかと視点を変えてみることで，親の罪悪感や淋しさは少し減るかもしれない。どの選択をしても，それが尊重されるということを伝えることは重要であろう。

　筆者ら（渡邉・菅原，2013）の調査において，将来について考えているかどうかを質問した。特別支援学校高等部に在籍している子どもの親は将来について考え始めていたが，学童期の子どもの親は高等部卒業後のことを考える段階ではなかった。しばしば生涯を見通した支援が必要だと言われるが，親にとっては，その時々の目の前のことを解決していくことで精一杯であると思われる。障碍者福祉

の近年の動向に目を転じると，「入所施設から地域生活へ」という地域生活移行が政策面でも実践面でも進んできており，入所施設の定員数も削減の方向で動いている（植戸, 2019）。この状況を考えると，早い段階から，将来のことを考えて動いておくことが重要であることがわかるが，家族のライフステージがどのような段階であるのかを見極めずに，生涯を見通して考えていきましょうと伝えても，親は混乱するだけであろう。今，直面している問題をまずは解決しながら，将来のことを頭の片隅においておけるような支援，つまり支援者は情報を伝えながらも待つことが必要な時もある。そして，何より，家族がどう生きていきたいのかということを大切にしながら，主体的な選択ができるよう支援していく必要がある。

引用・参考文献

荒木俊介・中村加奈子・柏原やすみ・江口　尚・下野昌幸　2019　医療的ケア児の保護者における就労状況の調査　産業医科大学雑誌, 41, 171-178.

江尻桂子・松澤明美　2013　障害児を育てる家族における母親の就労の制約と経済的困難――障害児の母親を対象とした質問紙調査より――　茨城キリスト教大学紀要　社会科学, 47, 153-160.

江尻桂子　2014　障害児の母親における就労の現状と課題――国内外の研究動向と展望――　特殊教育学研究, 51, 431-440.

藤原里佐　2005　障害児家族とジェンダー――重度障害児の母親が担うケア役割――　同志社社会福祉学, 19, 75-83.

橋本やよい　2000　母親の心理療法――母と水子の物語――　日本評論社.

厚生労働省　2018　平成28年生活のしづらさなどに関する調査（全国在宅障害児・者等実態調査）結果　https://www.mhlw.go.jp/toukei/list/dl/seikatsu_chousa_c_h28.pdf（2020/3/10取得）

久保山茂樹　2006　障害のある子どもをもつ母親への就労支援　教育と医学, 54, 466-473.

きょうされん　2010　家族の介護状況と負担についての緊急調査の結果　https://www.kyosaren.or.jp/wpcontent/uploads/2017/06/d0c906bfc187074acfdac5fb55d35918.pdf（2020/3/10取得）

前盛ひとみ　2009　重症心身障害者の母親におけるアイデンティティ危機体験の様態の類型化および発達過程の分析　広島大学大学院教育学研究科紀要　第三部　教育人間科学関連領域, 58, 215-224.

丸山啓史　2011　障害児を育てる母親の就労に影響を与える要因　京都教育大学紀要, 118, 81-90.

丸山啓史　2013　障害児の母親の就労と祖父母による援助　京都教育大学紀要, 122, 87-100.

松元民子　2005　障がい児の特性と母親のアイデンティティ及び自己成長感との関連につい

ての研究　九州大学大学院人間環境学府修士論文抄録　http://www.hues.kyushu-u.ac.jp/education/student/pdf/2005/2HE04049M.pdf（2019/12/26取得）

松元民子　2006　障害児の母親の自己成長感とアイデンティティに関する研究　リハビリテイション心理学研究，33，29-40.

三原博光・松本耕二　2005　障害者の高齢化に対する親の思いについて―保護者に対するアンケート調査の結果から―　山口県立大学社会福祉学部紀要，11，125-133.

美浦幸子　2018　東京23区における障害児の母親の就労状況と支援策の検討　昭和女子大学現代ビジネス研究所紀要，4，1-23.

望月まり・秋山泰子　1999　重複障害を持つ知的障害者の親の思いについて―在宅児通院治療を長期間続けた親の面接から―　川崎医療福祉学会誌，9，201-207.

内閣府　2019　令和元年版障害者白書　https://www8.cao.go.jp/shougai/ whitepaper/r01hakusho/zenbun/index-pdf.html（2020/2/29取得）

小木曽由佳　2014　知的障害児の母親のワーク・ライフ・バランス―就労継続の分岐点と活用資源―　女性労働研究，58，153-168.

戈木クレイグヒル滋子　1999　闘いの軌跡―小児がんによる子どもの喪失と母親の成長―　川島書店.

佐々木理恵・大河内彩子・田髙悦子・有本　梓・伊藤絵梨子・白谷佳恵・臺　有桂　2016　「親なき後」に向けた知的障がい者の生活場所を決断する渦中にある高齢期の母親の思い　日本地域看護学会誌，19（3），41-49.

須田真侑子・坂田周一　2006　障害児の母親に対する支援　立教大学コミュニティ福祉学部紀要，8，101-108.

田中智子　2010　知的障害者のいる家族の貧困とその構造的把握　障害者問題研究，3，261-272.

田中智子　2017　成人期障害者の母親におけるケアと就労の両立困難　佛教大学総合研究所共同研究成果報告論文集，5，135-156.

土屋　葉　2002　障害者家族を生きる　勁草書房.

植戸貴子　2019　高年知的障害者と高齢の親の同居家族に対する相談支援―高齢福祉分野の相談援助職に対するインタビュー調査から―　神戸女子大学健康福祉学部紀要，11，15-34.

上村浩子・高橋利子・日高洋子・原田放子　1999　障害児を持つ母親の子育てと就労に関する意識調査　横浜女子短期大学研究紀要，14，85-97.

上村浩子・高橋利子・日高洋子・原田放子　2000　障害児を持つ母親の子育てと就労に関する意識調査（その2）　横浜女子短期大学研究紀要，15，41-52.

渡邉照美・菅原伸康　2013　障がいのある子どもを育てる中での家族のライフコース選択プロセスの検討　日本質的心理学会第10回大会プログラム抄録集，87.

渡邉照美・菅原伸康　2014　障がい児の母親のライフコース選択時の心理変容プロセス　日本発達心理学会第25回大会発表論文集，448.

（渡邉照美）

第6章

きょうだいを産むことときょうだいになること

1 母親が次子を産もうと考えるとき

　この本の中で登場する伊藤さん，藤原さん，高橋さん，山田さんは，障害のある子どもを育てながら，次子を産み育てている。一方，近藤さん，木村さん，沢田さんは次子を産んではいない。筆者らは面接調査の中で，次子を産むことについて，また障碍のある子どものきょうだい（以下，きょうだい児）について，母親に尋ねてみた。その時，次子を産んだ人からは葛藤が認められた。そのことについてここでは考えてみたい。

　障碍のある子どもが産まれた場合，次子の妊娠出産をどうするのかについて，先行研究をみてみよう。子どもに障碍や疾患がある場合，その子の育児が大変であること，次子に障碍のある子どもが産まれるのではないかという不安のため，次子をもうけることを躊躇するという結果が示されている（舩場・横尾・福原，2011；佐々木ほか，2000；横尾・田中・時安，1995）。辻（2003）によると，先天性障碍のある子どもに続く妊娠に関する記述は少ないものの，1970〜1980年にかけてみることができると述べている。後藤ら（1982）が，重度・重複障碍の幼児をもち療育に参加している母親たちに，次子を産むことについて尋ねているが，その心境は以下のようなものであった。「自分にも健康な子が産めることの確認」をするために，また想像していた家庭づくりの「夢」，「希望」を手に入れるための手がかりでもあることを述べている。一方で，障碍のないきょうだいに対し，母親は母の手がかけられないので申し訳ない，せめて障碍児のことでできるだけ負担をかけないようにしてやりたいとの配慮も共通のものとして語られていた。そのようなきょうだい児の存在について，人一倍の期待と配慮を受けつつ，人一倍の重荷を背負っての発達を余儀なくされるという事態の中にいるものといってよいだろうと述べている。

　佐々木ら（2000）は，遺伝性疾患児をもつ母親の次子妊娠時の意思決定内容及び，母親の育児負担について明らかにすることを目的に，小児科外来に通院中の病児の母親4名を対象に，面接調査を行った。その結果，遺伝性疾患児をもつ母親の次子妊娠時の意思決定は，①患児が乳幼児期に妊娠したため，育児負担が一般的な育児と変わらないと認識していた，②羊水検査による安心，③きょうだいがいた方が現在及び将来助け合える，④疾患がありながらも一度患児を育

てた経験から育てられるという自信，⑤ 遺伝的な可能性は低い，⑥ きょうだいがいた方が，健常な第 1 子の負担感を軽減できると思ったこと等が要因としてあげられた。

　辻（2003）は，先天性障碍のある子どもに続く妊娠を選んだ女性が，妊娠中から出産を迎えるまでにどのような体験をしているのかを記述し理解することを目的にダウン症の子どもを出産し，次子を出産した女性 5 名に対し面接調査を実施した。その結果，女性たちは，ダウン症の子どもの出産によって，「普通の子どもの喪失」とともに「自分自身の価値の喪失」を体験していた。また，女性たちは，次回妊娠を「本来の自分の価値を取り戻す」，「普通の育児を体験する」，「ダウン症の子どものためにきょうだいをつくる」機会として意味づけていた。ダウン症児に続く出産後，女性たちが得たものとは「普通の育児を経験できる喜び」，「ダウン症の子どもの見方の変化」，「自分の価値観の転換」であった。

　木村ら（2009）は，近年，広汎性発達障碍（以下，PDD）の増加が各国で報告されているが，PDD 児に続く妊娠・出産に関する研究は少なく，母親の障碍認識と次子妊娠・出産にどのような関連があるのか，いつどのような支援が求められているのかについては把握されてこなかった点を指摘し，PDD 児の母親の障碍認識の有無により，次子妊娠・出産をめぐる体験にどのような相違があるのかを明らかにするための研究を実施している。その結果，長子の障碍認識がなく次子を妊娠した母親は，自分の思い描いた理想的な家庭構築のために次子の誕生を早期に希望していた。それに対し，長子の障碍認識をもち，次子を妊娠した母親は，次子をもつことに対する葛藤を経験していた。具体的には，「再び障碍児が産まれる可能性への不安」，「年長子（PDD 児）への影響と次子の負担への憂慮」，「普通の子育てへの希求」，「きょうだいを支える存在への期待」が含まれていた。

　大久保（2017）は，発達障碍児の母親が次子の出産についてどのような選択をし，また発達障碍児を含む複数の子どもを育てる過程でどのような経験をしているのかについて記述することを通して，きょうだいの存在や関係性をめぐる母親の葛藤と戦略について考察することを目的に面接調査を実施した。その結果，きょうだいをつくる選択について，次子も発達障碍の特徴をもつことへの不安と，障碍のある長子の世話で心身ともに余裕がない状態ゆえの決断への迷いが多く語られたという。しかし，次子の妊娠・出産を選択した理由として，きょうだい児がいることによって，障碍のある長子の対人関係面の成長を期待したこと，また親なき後を見越した血縁のある理解者の役割をきょうだい児に期待していたこと

の2点が明らかになった。

　筆者らが行った面接調査においては，遺伝的な要因のある障碍の場合には，遺伝する可能性があると考え，次子を諦めたケースがあった。第2章の藤原さんは，障碍が残ることが告げられたばかりの状態では，混乱した状態であり，次子について考えることすらできない状態であったと語られた。調査に協力してくださった方々で次子をもうけた人たちからは，障碍のある子どもの状況が少しずつ落ち着いてくると，「親亡き後，障がいのある子どもの面倒をみてもらうため」，「障碍のある子どもの上にきょうだいが1人いるけれども，親亡き後，その子どもだけでは相談相手がいないから」といった「きょうだいへの支援の期待」と「障碍のある子どもだけでなく，通常の子育てをしてみたいから」といった「普通の子育て・家庭への希求」という理由から，次子を産むことを決めていた。それを支える要因としては，「先に出産した子どもは障碍のない状態である」，「突然の要因により，障碍は残ったが，元々は健康な子どもであった」というものであった。また，障碍の認識がなかった場合には，葛藤することはなく家族計画を行い，その結果，きょうだいがいるケースもあった。この結果をみると，先に紹介した研究結果と一致するものであるといえる。

2　きょうだいになること

（1）障碍のあるきょうだいがいるという経験

　障碍のあるきょうだいがいるきょうだい児は，多くの場合，親よりも長い人生をきょうだいとともにする。中澤（2019）は『人生バイプレイヤー——きょうだい児を生きる——』の中で，今まできょうだい児がなかなか言えなかった気持ちを綴っており，その内容は非常に示唆に富むものである。その中で，きょうだい児と親とは障碍のある子どもが家族にいることの事情が異なると指摘する。その一節を紹介する。「きょうだい児は，幼い頃，もしくは生まれた時点で障害のあるきょうだいとともに過ごすことが確定しているのである。障害のある人が身近にいない，大多数の人が思い描く『当たり前』が当たり前でなく，多くの場合，親よりも長い年月を障害のあるきょうだいとともに歩むことが決定されている。親は半生，きょうだい児は一生，障害のある人と過ごすことが多い。そして，そうした環境にショックを受け，受容するというプロセスがきょうだい児にはない。そ

れは，多くの場合物心ついた頃には身近に障害のあるきょうだいが当たり前にいるからである。つまり，障害のあるきょうだいがいることが人生のデフォルトなのである」(中澤，2019，73-74)。

　田倉 (2008) は，きょうだい児は，母親の障碍受容と類似の過程が存在すると述べている一方，杉田 (1996) は，きょうだい児の障碍受容には 3 段階あることを明らかにしている。第 1 段階は，きょうだいを不思議に思ったり，対等にみたりしている「自然な状態」，第 2 段階は，心配する気持ちや自己憐憫からなる「混乱期」，第 3 段階は，解決の努力の段階から受容に至る「成長した段階」であり，この 3 つが戻ったり進んだりしながら進行すると述べている。春野・石山 (2011) は，知的障碍者のきょうだいに面接調査を実施しているが，きょうだい児は母親と同じような過程で障碍を肯定的に受容していくが，きょうだいの障碍者観は，きょうだい自身が生きてきた過程の下に確立されており，障碍を同様に受容していく母親の障碍者観とは異なることを明らかにしている。また沖潮 (原田) (2016) も，きょうだいは，物心ついた頃から家族としての価値観と社会的な価値観を合わせもち，それを抱えながら生きているとし，その点では両義性に長いことさらされて生きているきょうだいにかかる負荷は大きいかもしれないと述べている。

　つまり，親ときょうだい児では，開始点が異なり，親にとっては障碍のある子どもが産まれた時，また障碍がわかった時，その多くはショックを受け動揺するが，きょうだい児の場合は，きょうだいに障碍があるという認識はしておらず，そのきょうだいがいるのが当たり前という状態からきょうだいとの関わりが始まるということである。また，親は子どもに対する決定権をもっており，どのように育てていくのか，どこで育てていくのか (たとえば自宅，施設) といったことを親の意思で決めることができるが，きょうだい児はその決定を当たり前のものとして従うしかない。もちろん，この点については，障碍のあるなしにかかわらず起こり得ることであるが，障碍のあるきょうだいがいた場合の方が，よりきょうだい児に親の意向が無意識的，意識的に大きな影響を及ぼすと考えられる。

　大瀧 (2011) は，発達障碍児・者のきょうだいに関する研究を概観しているが，その中で，障碍種別による影響についても先行研究の知見をまとめている。ダウン症や脳性麻痺など外見に特徴がある障碍の場合，親は障碍を認めやすいと指摘されているが，それはきょうだい関係においても同様で，障碍であることが一見してわからない状況は，きょうだいに障碍の理解を難しくさせているだろうと述

べている。しかし，きょうだいの心理的適応には，障碍の種類よりも程度が問題
だとの指摘もある（西村・原，1996：三原，2000）。

（2）きょうだい児のタイプ

　遠矢（2009）は，『障がいをもつこどもの「きょうだい」を支える─お母さん・
お父さんのために─』の中で，さまざまな思いを抱えつつきょうだいたちは成長
すると言い，シーゲルとシルバーステイン（Siegel, B. & Silverstein, S., 1994）のき
ょうだいの4タイプを紹介している。詳細は遠矢（2009, pp.27-43）をご参照いた
だきたいが，ここでも簡単に説明したい。

① **親役割をとる子ども**（Parentified child）

　幼い頃から，きょうだいの面倒をみたり，障碍のない他のきょうだいの世話
をしたり，親に代わって家事をこなしたり等，家族の中で親がとるべき役割を
意識的，無意識的に担うようになった子どもである。いつも親から認められる
ために行動したり，きょうだいに対する怒りを表すと親から愛されなくなるか
もしれないと怒りを過剰に抑えようとしたりする。

② **引きこもる子ども**（Withdrawn child）

　①の子どもと異なり，親役割をとることを自ら避け，家族間の葛藤から身を
遠ざけることで自分の心の安定を図ろうとする子どもたちである。親役割をと
る子どもが，きょうだいの面倒をみる，家事を手伝う，留守番をするといった
実際の行動で「外に表す」のに対し，このタイプの子どもは親やきょうだいの
間で起こってくる不安を「内に閉じこめる」子どもたちといえる。親からすれ
ばおとなしく，手がかからない子どもということになる。言いたいことやした
いことを我慢し続けていると，満たされなさから，心身ともに影響が出てくる
ので要注意である。

③ 行動化する子ども（Acting out child）

　行動化（acting out）とは，怒りや不満，不快な感情を感じた場合に，社会的に受け入れられない形で「行動」として表してしまうことをいう。たとえば，暴言を吐く，暴力をふるう，ものを壊すといった行動である。①②のパターンの子どもと比較すると，親は困り感を抱えることがあるかもしれないが，我慢し続け抑うつの状態よりは，自分の不安や不満を大人に対し，わかりやすい形で表現しているので，子どもの立場としては健康的かもしれない。この場合は，暴言や暴力などではない，より社会的に適切な方法で自分の感情を表現できる機会を大人が提供できているかどうかを振り返ってみる必要があるだろう。

④ 優れた行動をとる子ども（Superachieving child）

　このタイプの子どもは①の子どもが家庭内で優れた行動をとるのに対して，家庭外で優れた業績を残そうとするのである。親は，障碍のあるきょうだいときょうだい児を日々，見比べざるを得ない日々を送っており，きょうだい児の成長や能力をとても優れたものであると理想化する。きょうだい児はそれを感じ取り，卓越した能力をもたなければならないと親の理想を自分の理想としてしまうのである。

　また吉川（2008）は，障碍のある子どもが産まれることは，今まで培ってきた価値観とは違った状況に直面することであり，家族が機能不全になる可能性を指摘している。そのような家族の中で育った「機能不全のある家族の中で子ども時代を過ごした大人」のことを「アダルト・チルドレン」（Adult Children of Dysfunctional Family）というが，その特徴を『アダルト・チャイルドが自分と向きあう本』（アスク・ヒューマン・ケア研修相談センター，1997）を引用しながら，5つのタイプを紹介している。詳細は吉川（2008, pp.44-48）をご参照いただきたいが，ここでも簡単に紹介する。

① 勤勉な努力家…ヒーロー・優等生タイプ

　・学校で，いつも良い成績を取るよう努力する。

　・周囲に「しっかりした子」と言われることが多い。

② 勇気と行動力がある…問題児タイプ

　・親や教師に反発や怒りをぶつける。

　・「悪い子」と言われたりそれを態度で示されたりして傷ついている。

③ **イメージ豊かな芸術家…いないふりタイプ**

・家庭でも学校でも，なるべく目立たないように行動する。

・「素直な子」「おとなしくて面倒をかけない」といわれることが多い。

④ **ユーモアがあって人を和ませるのが上手…道化師タイプ**

・小さい頃から，周囲を笑わせよう，和ませようと努める。

・「落ち着きのない子」といわれることがある。

⑤ **神経が細やかで献身的…お世話やきタイプ**

・「やさしい子」「思いやりのある子」といわれている。

・自分勝手にならないよう，したいことがあっても我慢する。

　中澤（2019）は自身の経験やSNSでつながったきょうだい児との交流から，きょうだい児のパターンもさまざまであると言い，いい子になるきょうだい児，問題を起こして自分に注意を向けさせようとするきょうだい児，障碍のあるきょうだいや家族と距離を置くきょうだい児などのタイプがいると述べている。そして，大きくわけると2つの傾向があり，障碍のあるきょうだいが大好き，感謝というタイプと，きょうだい児が憎いと思ったことが少なからずある，生きづらさを強く感じるタイプがあると推測している。

　吉川（2002）は，きょうだいは親の愛情を奪い合う存在である，という前提に立つならば，お互いにある面で憎しみあうことがあるのは当然であるが，障碍のあるきょうだいに対して，いなければいいのにと思うと，通常以上の罪悪感を抱いてしまい，きょうだい児はそれを素直に口に出すことができない場合が多いと指摘する。中澤（2019）も同様に，障碍のないきょうだい同士であれば，きょうだい間で仲が悪かったり，きょうだい喧嘩をしたり，きょうだいの悪口を言ったり，大人になって疎遠になったりしても問題にはならないと述べる。そして，きょうだいに障碍がある場合，周囲の評価は一転し，きょうだい間で仲が悪いと障碍者に優しくない，きょうだい喧嘩をすればきょうだい児が譲らないのが悪い，悪口を言えば障碍者差別，疎遠になれば障碍児を見捨てた，ときょうだい児にマイナスの評価が下される。きょうだい児は障碍のあるきょうだいも普通のきょうだいとして接しているからゆえの行動であるのに，差別に敏感になっているつもりできょうだい児に差別感情を押し付けているのは周囲のほうなのであると指摘している。

（3）障碍のあるきょうだいがいるきょうだい児に関する実証研究

　きょうだい児にとって，障碍のあるきょうだいがいることは，肯定的・否定的な影響等さまざまな影響をもたらすと考えられる。

　三原（2003）は障碍者のきょうだいの生活状況を明らかにするために，非障碍者家族のきょうだいの生活状況との比較を行っている。きょうだいと一緒に遊んだ経験，けんかをした経験が，障碍者のきょうだいは非障碍者のきょうだいに比べて有意に低く，障碍のあるきょうだいと遊んだり，ケンカをする傾向が少ないことが示された。外出の頻度について，差は認められなかったが，その時の気持ちは「気を遣った」という回答が障碍者のきょうだいは多く，精神的負担を感じていた可能性を示唆している。両親との関わりについては，両者に差はなかった。またきょうだいの存在がプラスになったかどうかについては，非障碍群のきょうだいはプラスになったと明確に肯定的な回答をしていたのに対し，障碍者のきょうだいはプラスになったと明確に答えておらず，きょうだいの存在について戸惑いや複雑な思いがあることが推察された。

　また，財団法人国際障害者年記念ナイスハート基金（2008）の調査によると，「小学生の頃，きょうだいに障碍があることで困ったり，悩んだりしたことがある」と回答したのは53.3％で，その内容で一番多かったのは，「社会の人の発言や行動への困惑」であり，「障碍を理由にしたいじめ，からかい」を受けた者も多かった。きょうだいが，幼い頃から社会の差別や偏見にさらされている事実は明らかであり，そのことが人間形成に影響を与えることが懸念されると述べられている。一方で，「現在，兄弟姉妹がいることで良かったと思うことがあるかどうか」については「良かったと思うことがある」は67.9％であり，きょうだい児は，障碍のあるきょうだいがいることによる心理的影響を受け続けてきたこと，それがきょうだいの考え方にも大きく関わっていることが示唆される。現在は，そのことで自分の視野や関心が広がった等，ハンディをプラスに捉えることができるようになった人が多いと報告されている。

　またきょうだい児は，幼少期から，障碍のあるきょうだいの世話をすることや家事を手伝うことが当たり前であり，親からもそのように求められていたことが明らかになっている（笠井，2013；田倉，2008；山本・金・長田,2000）。先程の財団法人国際障害者年記念ナイスハート基金（2008）の調査においても，「小学生の頃，将来面倒を見なければいけないと感じていた」のは72.2％（「すごく感じていた」＋「少し感じていた」と回答した合計の％）であり，きょうだい児は子どもの時

から障碍のあるきょうだいの面倒は見るものと思っている傾向にあった。特に姉では面倒をみなければならないと「すごく感じていた」と37.5％が回答していた。現在増えている医療的ケアを必要とする在宅医療児であるが，そのきょうだい児に面接調査を実施した研究によると，前述のきょうだい研究と同様に，親役割の一部を担っているが，その特徴として，時に親の代わりとして通常の家族役割とは違う役割を求められることがあり，「必然的に医療的ケアに関わらざるを得ない環境」の中で育ち，医療的ケアを行うことに怖さを感じるという心理的負担も認められたことがあげられた（山下ほか，2018）。そして，きょうだいが家族の中の重要な役割を果たせば果たすほど，進学，就職，結婚など人生の岐路では，自分が家庭から離れることは難しいと考えてしまい，親亡き後の生活についても面倒をみると考えているきょうだいが少なくない（山本・金・長田，2000）。一方，千葉（2018）は，現在，看護師であるが，自身に重度の障碍のある弟がおり，幼いころより弟のケアに携わり，療育を肌で感じながら生活してきた。きょうだい児特有の葛藤は経験しているが，家族がレスパイトを利用したり，きょうだい児のためのキャンプに参加したりと家族の負担を軽減させるサービスを使っており，幼少時，医療スタッフからの声掛けによりケアをすることが楽しくなるという経験もしている。

　先程紹介した財団法人国際障害者年記念ナイスハート基金（2008）の調査の中で，「現在，きょうだいのことで困っていることがあるかどうか」を尋ねた結果，「困ったことがある」が44.8％であった。大人である現在のきょうだいが困っていることのトップは，「将来に対する不安」であり，具体的な問題を抱えているものもさることながら，漠然とした不安感を抱いている場合が大半であると報告書では述べている。そこで，次ではきょうだい児のキャリアと将来について考えてみたい。

（4）きょうだい児のキャリアと将来

　財団法人国際障害者年記念ナイスハート基金（2008）の調査の中で，障碍のあるきょうだいがいることによって，自分の進路を選択する際，「影響がなかった」のは63％であり，「影響があった」のは32.4％であった。6割を超えるものが「影響がなかった」と回答していることと，障碍のないきょうだい同士に同じ調査をしているわけではないということから，この数値によって，障碍のあるきょうだいがいる場合，進路に影響をもたらすとは断定できない。しかし，報告書において分析されているように，特質的なのは，多くのきょうだいたちが，「福祉・教育・医療・保健関係を選択した」と回答している点である（回答者424人の内，約18％近い78人が回答した）。次に多かったのが，「経済的理由や面倒を見るために何らかの制約を受けた」という回答である。「進学（行きたい道）を諦め就職した」，「進学は公立になった」等というのが当てはまる。3番目は「同居もしくは居住地を制約した進路選択」があげられる。できる限り障碍のあるきょうだいのそばにいて，何かあったらすぐ支援できるようにという気持ちからの選択であろう。別な視点でいうと一般の家庭では子どもは大きくなれば自立し，各々自分の家庭を築くものだが，ある意味自分のやりたいと思っていることを諦めなければならなかったり，きょうだいたちが自宅を巣立ち行きたい場所に行けなかったりと，その自立を阻んでいる要因にもなっている。家族に障碍者がいれば，そのきょうだいたちも無関係でいられないということを端的に表している結果といえよう（林，2008）。第1章から第3章に紹介したユウスケさん，ユキさん，ミキさんの大学卒業後の進路をみると，それぞれ「福祉」，「教育（教員）」，「福祉・教育（幼児教育職）」であった。これは，上述の「福祉・教育・医療・保健関係を選択した」きょうだい児が多いという結果を支持するものである。また，居住地についても，同居もしくは近居しており，きょうだいの存在が影響を及ぼしている可能性が示唆された。

　きょうだい児のキャリア形成において，親が高齢化し，自身も大人になった時，どのようなライフコースを選ぶのかは重要な分岐である。それについて，笠田（2013）は面接調査を実施しているが，きょうだいにとって進路・職業選択は，原家族での立場を見直し，今後の同胞のケアをどのように考えていくか，子どもとしてケア役割を担わなかった過去からケアの担い手を期待される未来へ大きな転換を求められる出来事であり，そのプレッシャーから葛藤的な体験につながる可能性も高いと指摘する。そのような葛藤の解決につながる要因として，これまで

漠然と，しかし当然のこととして感じてきた「同胞のケア提供者になる」という以外の道を保障してもらう体験があげられる。特に母親から「あなたの人生はあなたのために使えばいい」と改めて直接言われることは，無言のうちに感じてきた親の期待に閉塞感を感じていたり，自ら選択肢を制限したりしているきょうだいを主体的な選択へと後押しする大きな影響力をもっていたと述べる。つまり，はっきりと言葉で伝えることによって，きょうだい児はきょうだいと親にとらわれないライフコース選択ができる可能性があるということである。ただし，きょうだい児は親の言葉とは裏腹に，親はきょうだいの面倒をみてほしいと考えること，信じ込んでいることがあるとの指摘もある（戸田，2012；遠矢，2009）。大瀧（2019）は，きょうだいにとって，自身の人生を主体的に生きるためには親の保障が重要であることには間違いがなさそうであるが，単に親からその思いが伝えられるのみでは十分でない可能性があると指摘する。

　沖潮（原田）（2016）は，自己エスノグラフィを通し，障碍のある妹との関係の中できょうだいが抱える揺らぎを検討している。その中で，自身が望んでいた妹との切り離しに対して疑問を抱くようになった姿が認められたという。具体的には，「人は青年期以降には自立して生きていく」という社会的言説とも言える「自立のストーリー」に乗っていこうという気持ちと，それへの抵抗の間で揺らぐ姿があったという。筆者は，昔から，両親に自由に生きるよう言われており，将来妹と別に暮らすことに特に疑問をもってはいなかった。しかし，それはあくまでも両親の考えであり，「自分はどうしたいのか？」と常に問い直しを迫るものであった。自己エスノグラフィと論文化を通して，互いが主体的な個として生きていくことを定着，決心できると期待していたと筆者は述べるが，本心はそれに疑問を抱いていたことがわかり戸惑いを感じていた。そして，障碍者は自立して生きていくべきであるという社会的な言説，政治的な正しさのようなものへの追従と，実際に一人ひとりが生きている世界においては，それに抵抗するという間に揺らぐという点がきょうだいの心理的特徴として明らかになった。

　大瀧（2019）は，知的障碍のない発達障碍のあるきょうだいをもつ成人期のきょうだいに面接調査を行っているが，その中で，Ａさんの事例で親と子の思いのズレを指摘している。Ａさんは，Ａさんが弟のケアに関する親の役割を引き継ぎ，弟の面倒見役を担う関係に移行することを考えており，原家族の中でＡさんと弟の両方が子どもの立場から巣立っていくということは考えていない。弟をめぐるケアの役割分担にコミットすることが自立だと考えるＡさんと，ケア

役割に加えないことがAさんの自立を保障すると考える親との相違があり，A
さん自身の家族内での役割とその移行の難しさをもたらしているようにもみえる
と考察している。それ以外にも，高瀬・井上（2007）や水内・片岡（2015）もきょ
うだい児と母親の意識・認識のズレを指摘している。一方で，母親ときょうだい
児のズレの程度はそれほど大きくないという報告もある（橘・島田，1990）。

　第2章第2節のユキさんと母親の場合，母親は障碍のあるリクさんとは，意図
的に別の環境での子育てをしていた。その意図が娘であるユキさんに明確に伝わ
っていたわけではなく，その点でズレは生じていたが，特別支援学校の教員にな
ってほしい母と実際に特別支援学校の教員になったユキさんをみると，生じた結
果はお互い納得するものであった。ユキさんと母の関係は幼少期から現在まで良
好であった。これは，ユキさんはユキさん，リクさんはリクさんと，どちらかに
生活を引き寄せるのではなく，2人の子どもそれぞれの生活が守られていたから
だと考える。重度障碍のきょうだいがいるきょうだい児からみた母子関係・同胞
関係の類型化をした髙野・岡本・神谷（2015）によると，肯定的な母子関係が同
胞関係の支えになることが推察されたが，母子関係に影響を与える要因として，
母親と同胞のサブシステムが考えられると述べている。幼児・児童期における
「さびしい」や「拒否」といった情緒的体験は，きょうだい児と母親の直接的な
関係から生じるよりも，母親ときょうだいの関係性を通してきょうだい児に影響
を与えていたと指摘している。つまり，母親が障碍のあるきょうだいにだけ愛情
をかけている，時間を割いているというようにきょうだい児が思った場合には，
きょうだい児と母，そして同胞の関係は良好なものにならないということである。
ユキさん親子のように，きょうだいのどちらにも時間を割く，平等に扱うという
互いの独立性がきょうだい児の母に対する，またきょうだいに対するポジティブ
な感情を生むのだと考える。もちろん，親も障碍のある子どもだけに愛情と時間
を注いでいるわけではなく，きょうだい児のことも平等に扱おうとしている人が
多いだろう。しかし，親の心理としては，子どもすべてが大切な存在であると思
いながらも，物理的には障碍のある子どもにどうしても時間をとられてしまい，
障碍のないきょうだいに我慢させる場面が多い状況を生む。それが幼少期のきょ
うだい児にとっては，不平等に映るのではないだろうか。ユキさん家族は，ユキ
さんが運動会等の振替で平日が休みになった場合，リクさんは特別支援学校に登
校しているため，家族でファミリーレストランに行く等，ユキさんのための時間
を作っていた。このように心理的にだけではなく，物理的にも時間を割くという

ことが重要なのだろう。

　以上から，きょうだい児と親の関係性には多様性があることがわかる。きょうだい児と障碍のあるきょうだいが，自立して別々に生きていくことも1つの選択肢であるし，きょうだい児が障碍のあるきょうだいとともに暮らしていくということも1つの選択肢である。社会的言説ではなく，きょうだいと共に生きてきたきょうだい児がきょうだいとどのような関係を築いていきたいのかという主体的な思いを尊重することが大切なのであろう。前項で述べたように，きょうだい児は幼い頃から，きょうだいの世話をすること，将来を心配することが明らかになっている。親が直接言ったわけではない場合であっても，家族内での自分の役割を察して行動するのであろう。そのような生育環境の中で，大人になったからと言って，すぐに主体的な決定ができるわけではないため，親の思いも率直に伝え，幼少期から「あなたはどうしたいのか」ということを話し合い，小さな決定を積み重ねていくことが重要なのではないかと考える。

（5）きょうだい児に対してできること

　中澤（2019）は，きょうだい児として，「ケアされたいという感情とケアされたくない感情」（p.67）があるという。きょうだい児として生きてきた今の自分の感情にケアがほしいと思う反面，障碍のある弟のために生きることをよしとされ，弟の人生のバイプレイヤーとして育てられた筆者にとって，今さら自分の人生の主人公として生きることはできず，バイプレイヤーのままでいさせてほしいということである。ケアされるということは，自分の人生を弟や家族から取り戻すということである。「私はそれがとても怖い」（p.68）という。また，幼少期から家族以外の第三者からのサポートがあれば事態は変わっていたかもしれないと述べる。きょうだい児の家族以外の第三者として身近にいることが予想されるのは，教員であると考える。しかし支援者として意識されていないという（綱川・池本，2012）。第3章に登場したミキさんも，中学生までは話ができず高校生や大学生になって初めて教員に話をしたと言っていることから，身近な相談相手として教員がいることを意識できるような働きかけが必要であろう。教員も何かをしなければいけないと気負うのではなく，きょうだい児の思いを否定することなくただ聴く，また他の児童生徒と同様，一人の児童生徒として大切にすることが支援につながると考える。きょうだい児は，きょうだいのケアラーとして家族の中で役割を担うことで自分を保っていることもある。しかし，きょうだい児自身が，本

当はケアされる存在であるということを，周囲がきょうだい児に伝えていくことも必要であろう。

　親の中には，きょうだい児のためを思って，言葉で，また言外に，きょうだいや家族にとらわれず，自由に歩むことを勧めているかもしれないし，親なき後は，きょうだいの世話を期待している親もいるかもしれない。幼少期からきょうだい児に期待をかけすぎたと思っている親も負担をかけ続けていると思っている親も，特に変わらず平等に育てていると思っている親もいるかもしれない。同様にきょうだい児も親のことを思い，きょうだいのことを思って，言葉から，また言外にいろいろなことを感じながら生活をしている。親と考えが一致することばかりではなく，また親の意図が伝わっていないこともある。親のアイデンティティときょうだい児のアイデンティティが同化していることもあるかもしれないが，きょうだい児が障碍のあるきょうだいとまた親とどのような関係を築いていきたいのかということを最大限尊重することが必要であろう。

　とはいえ，注意すべきなのは，「きょうだい」でありさえすればわかり合える，分かち合えるというほど事は簡単ではなく，きょうだいはそれぞれ置かれている状況も，共通点があるとはいえ具体的な体験も，個々に異なっているはずであり，それらの違いをどう認め，共有し共感することができるかが，直接的援助の鍵になってくる（吉川, 2002）。また，きょうだいの障碍がどのような状態なのか，どの程度なのか，障碍のあるきょうだいが兄や姉なのか，弟や妹なのか，ケアしてほしいと思っているのかどうか，どのようなケアをどの程度必要としているのかもそれぞれであるので，きょうだい児だから支援が必要なのだという考えではなく，きょうだい児の多様性を認め，その子を尊重することが何より求められる。

引用・参考文献

アスク・ヒューマン・ケア研修相談センター　1997　アダルト・チャイルドが自分と向きあう本　アスク・ヒューマン・ケア.

舩場友木・横尾京子・福原里恵　2011　子どものNICU入院による母親の次子願望への影

響　日本新生児看護学会誌，17（２），9 -14.

後藤秀爾・鈴木靖恵・佐藤昌子・村上英治・水野博文・小島好子　1982　重度・重複障害幼
　　児の集団療育（３）―健常児きょうだいの発達課題―　名古屋大学教育学部紀要 教育
　　心理学科，29，205-214.

春野聡子・石山貴章　2011　障害者のきょうだいの思いの変容と将来に対する考え方　応用
　　障害心理学研究，10，39-48.

林　浩三　2008　人生に影響があったと思うこと　財団法人国際障害者年記念ナイスハート
　　基金　2008　障害のある人のきょうだいへの調査 報告書　pp.34-37.　http://www.
　　niceheart.or.jp/jigyonaiyomenu/kazokusien/pdf/hohkokusho_kyoudai.pdf（2020/ 2 /29
　　取得）

笠井聡子　2013　重症心身障害児・者のきょうだい体験―ライフストーリーの語りから―
　　保健師ジャーナル，69，454-461.

笠田　舞　2013　知的障がい者のきょうだいのライフコース選択プロセス―中年期きょうだ
　　いにとって，葛藤の解決及び維持につながった要因―　発達心理学研究，24，229-237.

木村美也子・山崎喜比古・望月美栄子・大宮朋子　2009　広汎性発達障害児をもつ母親の次
　　子妊娠と出産をめぐる体験―年長子の障害を認識していた母親と認識していなかった母
　　親の比較から―　保健医療社会学論集，20（２），50-63.

三原博光　2000　障害者ときょうだい　学苑社.

三原博光　2003　障害者のきょうだいの生活状況―非障害者家族のきょうだいに対する調査
　　結果との比較を通して―　山口県立大学社会福祉学部紀要，9，1-7.

水内豊和・片岡美彩　2015　自閉症スペクトラム障害児・者のきょうだいの生涯発達の諸相
　　（第１報）―きょうだいと同胞との関係の視点から―　富山大学人間発達科学部紀要，
　　10（１），89-98.

中澤晴野　2019　人生バイプレイヤー―きょうだい児を生きる―　文芸社.

西村辨作・原　幸一　1996　障害児のきょうだい達（２）　発達障害研究，18，70-77.

沖潮（原田）満里子　2016　障害者のきょうだいが抱える揺らぎ―自己エスノグラフィにお
　　ける物語の生成とその語り直し―　発達心理学研究，27，125-136.

大久保麻矢　2017　発達障害児の母親の葛藤と戦略―きょうだいをつくる選択，複数の子ど
　　もの母になること―　家族関係学，36，29-41.

大瀧玲子　2011　発達障害児・者のきょうだいに関する研究の概観―きょうだいが担う役割
　　の取得に注目して―　東京大学大学院教育学研究科紀要，51，235-243.

大瀧玲子　2019　知的障害を伴わない発達障害者の成人期きょうだいの体験に関する研究―
　　ライフステージの変化がきょうだいにもたらす影響についての検討―　対人援助学研究，
　　8，24-39.

佐々木綾子・田邊美智子・重松陽介・畑 郁江　2000　遺伝性疾患患児を持つ母親の次子妊
　　娠に対する意思決定と育児負担の検討　福井医科大学研究雑誌，1，327-340.

Siegel, B. & Silverstein, S.　1994　*What about me?: Growing up with a developmentally
　　disabled sibling.* Perseus Publishing

杉田穏子　1996　きょうだいの障害受容を考える　新見女子短期大学紀要，17，91-96.

橘　英弥・島田有規　1990　障害児の同胞の意識について―親の予測との関係の検討―　和歌山大学教育学部紀要 教育科学，39，37-49.

髙野恵代・岡本祐子・神谷真由美　2015　重度障害者家族のきょうだい・母親・障害者の関係性の類型化―きょうだいからみた母子関係・同胞関係に着目して―　家族心理学研究，29，19-33.

高瀬夏代・井上雅彦　2007　障害児・者のきょうだい研究の動向と今後の研究の方向性　発達心理臨床研究，13，65-78.

田倉さやか　2008　障害者を同胞にもつきょうだいの心理過程―兄弟姉妹関係の肯定的認識に至る過程を探る―　小児の精神と神経，48，349-358.

戸田竜也　2012　障害児者のきょうだいの生涯発達とその支援　障害者問題研究，40，170-177.

遠矢浩一　2009　障がいをもつこどもの「きょうだい」を支える―お母さん・お父さんのために―　ナカニシヤ出版.

千葉真也　2018　医療的ケアを必要とする障がい児の家族の思いと求められる支援―きょうだい児としての体験を通して―　小児看護 41（5），563-567.

辻　恵子　2003　ダウン症児に続く妊娠・出産を選択した女性の体験　日本看護科学会誌 23，46-56.

綱川雅子・池本喜代正　2012　小学校期における障害児きょうだいのニーズと教師による支援のあり方　宇都宮大学教育学部教育実践総合センター紀要，35，125-132.

山本美智代・金壽子・長田久雄　2000　障害児・者の「きょうだい」の体験―成人「きょうだい」の面接調査から―　小児保健研究，59，514-523.

山下佳成江・藤田美江・今松友紀・横山史子・奥山みき子　2018　医療的ケアを必要とする在宅療養児のきょうだいへの支援　創価大学看護学部紀要，3，47-58.

横尾京子・田中都代子・時安真智子　1995　超未熟児を出産した母親における次子妊娠・出産の意思決定と援助　母性衛生，36（2），298-304.

吉川かおり　2002　障害児者の「きょうだい」が持つ当事者性―セルフヘルプ・グループの意義―　東洋大学社会学部紀要，39，105-118.

吉川かおり　2008　発達障害のある子どものきょうだいたち―大人へのステップと支援―　生活書院.

財団法人国際障害者年記念ナイスハート基金　2008　障害のある人のきょうだいへの調査報告書　http://www.niceheart.or.jp/jigyonaiyomenu/kazokusien/pdf/hohkokusho_kyoudai.pdf（2020/ 2 /29取得）

（渡邉照美）

第 7 章

障碍のある子どもの父親として生きる

（1）障碍のある子どもの父親研究の動向

　第4章では障碍のある子どもの親の心理過程について言及してきたが，その中での親はほとんどの場合，母親であった。障碍のある子どもの親，もしくは家族という場合，その対象は母親であることがほとんどで，父親のことが検討されることは少ない。障碍のある子どもをもつ家族を構成しているはずの父親の存在は，現在のところ，ほとんど看過されてしまっている（土屋，2003；藤本，2016）との指摘がある。しかし，徐々に障碍のある子どもの父親研究も行われ始め，それらをレビューした三原・松本（2012）は，障碍児の父親に関する研究は2000年に入ってから続々とみられるようになってきたと述べている。そして，大きく分けると，① 障碍児の父親の育児意識，② 重症心身障碍児の父親の育児体験，③ ダウン症児の診断告知時における父親の行動の3つに分類できるという。詳細は，三原・松本（2012）をご参照いただきたいが，①では，障碍児の父親は，子どものしつけに直接関わるよりも，母親の育児に対する精神的支援の重要性が指摘された。②では，重い障碍のある子どもの育児に対する積極的な関わりが，母親の心理的負担を軽減することが報告された。③では，父親の心理的葛藤が言及され，母親への父親の冷静な対応が母親の心理的支援になっていることなどが指摘された。以下に，いくつか興味深い研究を紹介する。

（2）在宅で障碍のある子どもを育てている父親の体験内容

　下野・遠藤・武田（2013）は，在宅で生活している重症心身障碍児の父親8名を対象とし，父親役割を遂行するための調整過程を明らかにする目的で，面接調査を実施した。その結果，在宅重症児の父親らは「児に障碍があることによる悲哀」を体験していたが，自分なりに「現実を認識したことによる気持ちの切り替え」をし，重症児と在宅での生活のスタートを切っていた。その後，父親らは「重症児と生活していくための土壌づくり」，「妻の育児家事を補完し合う」，「妻の盾になる」，「重症児のきょうだいも大事にする」といった行動を起こしながら，父親自身「もがきながらも自己を組み直すことで現実の世界に向き合う」ことをしていた。そして父親らは決意をもって「今できることをやっていく」という過

程を辿っていた。また，鈴木・中垣（2018）は，在宅で障碍児・者を育てている父親9名を対象に父親の体験を明らかにすることを目的に，面接調査を実施した。その結果，「我が子の障碍に対する苦悩」を体験した父親は，「障碍の有無に関係なく，ひとりの人間としての尊重」することを基盤とし「周囲の人々からの支援による心身の負担の緩和」がされ「子どもの存在，成長の実感により親であることの充実感」を感じていた。「父親役割の遂行による家族の保守」や「我が子のQOLを向上させるための社会との調整」を図ることに発展した。この体験は，「発達課題の克服による自己成長」に至っていた。上記2つの研究から，父親も母親と同様に，障碍がわかった当初は，障碍に対する苦悩や悲哀を感じ，やがて現実を認識し，生きていこうとする点，また子育てを通して変容する可能性があるという点では同じであることがわかる。しかし，相違点もある。次項で説明したい。

（3）父親と母親との体験・意識の違い

　父親に特徴的であるのは，母親の場合，もっとも関心が向くのは，障碍のある子どものことが多いのに対し，父親は第一義的な養育者としての母親のサポートをすること，きょうだい児の実際の育児を引き受けること，何かあれば社会と交渉することといえるだろう。妻は障碍のある子どもの第一義的な養育者として存在するので，障碍のある子どもの育児については，妻の意見を尊重し，それ以外の家事やきょうだい児の育児を分担する姿がみてとれる。また，「妻の盾になる」（下野・遠藤・武田，2013）について，具体的には，父親は自ら重症児の治療方法を判断することで逃げ道を作ったり，教育委員会とのやり取りに表立って行ったりという行動である。母親は日々の生活の中で，常に命と向き合っており，また病院や療育施設，学校等と連絡調整をしなければならず，大小さまざまな選択を迫られる。この積み重ねが大きな負担となることが予測されるが，それを知覚した父親は妻を守るため盾となることがわかる。また，「重症児のきょうだいも大事にする」（下野・遠藤・武田，2013）という点も父親ならではの視点での関わりが認められた。障碍のある子どもの育児を優先させざるを得ない母親にとって，きょうだいのことは気になり大事に思いながらも，実際にきょうだい児を我慢させる場面が多いと感じていることを父親が察知し，それを補っているのである。

　他にも，松井・七木田（2015）は，障碍のある子どもをもつ母親と父親を対象（6家族合計12人）にペアマッチによるフォーカス・グループ・インタビューを

行い，同じ子どもを育てている母親と父親の役割や意識を比較検討している。その結果，いくつかの違いが見いだされた。母親たちは「いま」に着目し，「いま命があることへの喜び」を感じているのに対し，父親たちは「将来」に着目し，「子どもの将来に対する不安」を述べた。また，専門機関とのかかわりにおいて，母親は「感謝」を述べるが，父親は「不満」が多かった。これは，母親が父親に求める役割に影響されている可能性があり，父親が専門機関とかかわりをもつのは，不満や要望を伝えるときが多いからだと考える。下野・遠藤・武田（2013）の研究でも，「妻の盾になる」が見いだされているが，それと共通のものであろう。

　第1章に登場した中村さんも妻が亡くなる以前は，きょうだい児である兄の世話は父，弟は母という役割分担ができあがっていたと語っている。つまり父親は子育ての中で，母親（妻）と同じような心理体験をするが，障碍のある子どもと母親（妻）が一体化する中で，母子と父もしくは母子と父・きょうだい児という構図にならざるを得ず，妻のサポート役にまわることになる。妻がやりたいと思っているができないこと（たとえば，きょうだい児のケア），また負担に思っている（たとえば，家事，学校や施設との交渉）ことを行うことで，妻をサポートし，家族をサポートしているといえるだろう。また，父親は父親なりに子どもと関わりをもてるよう，仕事の調整を図り，家族のことを優先し，一家の稼ぎ手として経済面のやりくりをしているという報告もある（玄，2011）。ただし，ここで述べている結果は，面接調査への協力を承諾した父親であり，親の会や講演会・勉強会等にも参加している父親である。当然，育児にも協力的である可能性が高いため，このような結果が出たことは否めず，非協力的な父親が存在すること，それによって母親が苦しい状況におかれるという現実があること，そこにこそ，課題があることを付記しておく。

2　妻（子どもの母親）が語る夫（子どもの父親）への思い

（1）父親研究実施の難しさ

　障碍のある子どもの家族研究に父親が不在であることは，第1節で述べたとおりである。特に質的研究においては顕著であろう。実際，筆者らも母親に対して，父親から話を聞きたいと依頼をしても，「自分（母親）は協力できるが，夫（父

親）は難しい」と断られることが多かった。第1章で紹介した育児サークル「ひまわり」の代表である伊藤さんに，父親調査の依頼について話をした際，以下のような話をしてくれた。「お父さんたちも，そろそろ加わってもらわなきゃなって考えてて，数年前から。なかなか難しい。私の旦那も含めて。旦那がどう思ってるのかって，私も聞いてみたい。他のお母さんみんなそうだと思いますよ。家族の中でも，そこまでこう話し合うっていうのは，うちのメンバー見ても，まあ，数える程しかないですよね。何，考えてるんだか，お互いにわかんないし。……うちの社協（社会福祉協議会）さんとかも，1回お父さんの会やろうよとか言うんですけどね。課題なんですよね。本当はお父さんたちの力も必要だし。（会に参加してほしいがそれは難しく）基本的にはやっぱり母子になっちゃうので。」と語ってくれた。特に，面接調査に協力を求めるのは難しかったため，この節では，妻（子どもの母親）の語りから，夫（子どもの父親）への思いを紐解いてみたい。

（2）妻が語る障碍がわかった時の夫の状況

　第2章第3節で紹介した高橋さんであるが，高橋さんの夫は，マイコさんに異変があり，障碍の可能性を示唆されたとき，「やっぱり自分がしっかりしなきゃって思ったんでしょうね。」と述べ，夫は取り乱していなかったと話した。夫は最初から障碍のことを受け入れていたのかを尋ねると「いや，最初はそんなことはなかったと思いますけど，やっぱり私には取り乱した部分があったので，自分がしっかりしなきゃって思ったようなことを言ってましたよ，前に。取り乱すようなことはないです。ただ，いつだったかな，（マイコの障碍が）わかったときに，泣いたけど，自分はもうマイコの病気のことで泣くのはやめようって決めたんだ，って自分で言ってました。これを最後に，これで泣いて，もう次は泣かないって。この次泣くときは，マイコがお嫁に行ったときかなとか言ってます（笑）」と語ってくれた。

　同じく第2章で紹介した藤原さんの場合はどうであろうか。タケルさんに後遺症が残る可能性を聞いた後，夫はショックで仕事に行けなくなった。しかし，2，3週間経った頃，「旦那も大体のことが見えてきたから，おまえ一人で（病院に）行ける？って。やっぱり，仕事も回らなくなっちゃうから，俺は仕事をするから，おまえはタケルんとこにっていう感じで」役割分担を始めた。前述した通り，1度だけ二人で思い切り泣いた時があったが，それ以降，夫の泣かない姿を見て，

「この人とだったら，きっとタケルを育てられるって思ったのと，私が，そうやって，笑ってくれるよねとか，また一緒に出かけられるよねとか言ったときに，『できるよ』って，言ってくれたのと，そういうたぶん支えがあって，タケルが戻ってきてだったから，腹がくくれたっていうか，大丈夫って思えたんだと思う。」と夫が辛い時期を支えてくれたことを語った。

　この２つの語りから見えることは，夫は，我が子の状態に，かなりのショックを抱き，葛藤しながらも，妻が崩れそうになるのを支えるため，努めて冷静に接しているということである。妻は夫のその態度のおかげで，自分の思い・弱音を吐露でき，少しずつ現実に向かっていけるようになるのである。父親は自分の感情を抑制し，冷静さを保つことで，家族のバランスをとっているのではないかと考える。父親の配慮によって，家族としてはバランスが取れるかもしれないし，父として，夫として家族の中での自己有用感を感じられるかもしれないが，父親の心もケアされる必要があるということを忘れてはいけない。

（3）父親が感情を吐露することの難しさ

　父親研究の知見においても，父親は悲哀を体験している時や重症児との生活にネガティブな思いを抱いている時でも一人の男性として自分は弱いところを見せてはいけないという心理が働くことで，父親の本音や感情を表出する場が少ない（下野・遠藤・武田，2013），また父親は相談相手がいないことが多い（平野，2004，竹村・泊，2006）といわれている。上述の伊藤さんの語りにもあるように，夫は育児サークルがあっても参加しづらく，悩みを共有することが難しい。もちろん，一人で感情を処理した方が自分自身に合っているということもあるので，一概には言えないが，母親に比べると育児における人間関係は希薄であり，孤立してしまう傾向がみてとれる。またフルタイムで仕事をしている人がほとんどなので，時間的にも制約がある。そのため，対面で交流することは難しいと思われ，第１章の伊藤さんのエピソードの中で取り上げたSNSが有効なのではないかと考える。匿名性の高いTwitterやブログで必要な情報を得たり，自分以外の父親の状況や悩みを知ったり，自分の思いを発信したりすることで，障碍のある子どもの父親である自分を改めて見つめることができるのではないだろうか。それにより，父親自身，現実には誰にも吐露できなかった心情を表出できる可能性がある。表出しなくても，同じように思っている人がいることを知ることは癒やされることにつながり，父親の心のケアにつながる可能性があると考えている。

3　夫（子どもの父親）の思い

（1）中村さんを巡る物語

　この本の中で父親として登場しているのは中村さんだけである。中村さんは妻に先立たれ，これまで妻が行っていたハヤトさんへのすべてを引き受けざるを得なくなった。そのことを第1章第2節の（1）−2．で，「長男の方は私がみて，次男の方は主に妻が関知する」と役割分担をしており，次男について概略はわかるけれども，実際の手続きや判断は妻が行ってきたことが語られた。つまり，中村さんは，妻の生前は，ハヤトさんの子育てにはあまり関わっていなかったことがわかる。そのような全くの情報がない中でいくつもの判断をしなくてはならず，長男も，面接当時は，まだ就職先が決まっていなかったので，そのフォローもあり，「1つのことを全部自分がやらなきゃいけないっていうのは，かなり精神的にも肉体的にも厳しいっちゃ厳しいですよね。」と語ってくれた。そして，妻が入会していた育児サークルで進学先やサポート等の情報を教えてもらえることがありがたいと言い，妻の死後，生活が一変していることがわかる。

　中村さんの妻は，伊藤さんが唯一の友だちと信頼を寄せていたカナコさんである。そのため，伊藤さんはカナコさんから聞く中村さんを知っており，今の変化をこう語った。「お父さんも変わってくれたって言い方は失礼ですけど，（ハヤトさんの）お母さんから聞いてると，そんな感じじゃなかったのでね。すごいびっくりしたというか。よかった，大丈夫だよって（カナコさんに）言ってあげようって。全然，大丈夫じゃんっていうか。あんたが言うほど，大丈夫だよって言ってるんですけどね。正直びっくりですね。あそこまで変わって。あ，へえ〜ていう感じで。良かったねって言ってあげたい。（カナコさんが亡くなったことは）よくないですけどね。大丈夫だよって言ってあげてるんです。うらやましいです。私が死んだら，たぶんうちはそうはならないので（笑）見習ってほしいです。ほんとびっくりですね。」と中村さんの変容ぶりに驚き，称賛をしている。そして，カナコさんに心の中で大丈夫だよと伝えている。

　中村さんは，妻であり，子どもたちの母でもあるカナコさんを失い，非常に危機的な状況にあった。しかし，それを柔軟に乗り越え，ハヤトさんのこだわりもうまく受け止めながら，家事も仕事もこなしていた。中村さんは，ハヤトさんの

学校の先生や家に来てくれるヘルパー，伊藤さんのようなカナコさんの友人に，情報を聞き，援助を要請していることによって，周りも気にかけてくれるという好循環を生んでいた。これは中村さんのレジリエンスに他ならないだろう。また，父親は母親のサポート役に回ることで家族のバランスを保つ一面があることは先に述べたが，中村さんもカナコさんが存命の時は，サポート役に徹していたのだと推測する。妻の死により，強制的に実質的な第一義的な養育者になったわけではあるが，育児を担うことによって，父親も養育レジリエンスを発揮する可能性が示唆される結果であった。

（2）伊藤さんの夫タロウさんの語り

　もうひとりの父親として，伊藤さんの夫タロウさんの語りを紹介したい。伊藤さんは，面接時，ナオトさんの高等部進学を控えていたが「うちは全然主人には相談してないので。私が完璧シャットアウトなんで。」とコミュニケーションを取ることはほとんどないと話した。「だって，育てたの私だし，たぶん学校出すのも私だしって思うと，うん，なんか，あなたに何がわかるのって。それがいけないと思うんですけどね。」とこれまでの育児は自分で行った自負がある伊藤さんは，夫婦でコミュニケーションをとらないことを「いけないこと」ととらえながらも，実際は自分で取捨選択をしている。伊藤さんは「やっぱり，この子自身が私の人生って思ってた」と語られるほど，ナオトさんの母親として，そして育児サークルの代表として奮闘してきた。それゆえに，夫であり，ナオトさんの父親であるタロウさんとの心理的距離が離れてしまったのかもしれない。

　タロウさんに，子育てをしているかを尋ねてみたが，「子育てには関わってないですね。正確には，私自身は関わらせてもらえない。関わりたい思いはありますね。お風呂に一緒に入りたいと思っても，（妻とは）やり方が違うからシャットダウンされている。」と語った。また育児を「彼女の聖域」と表現し，「だから入れない」と言われた。関わりたい気持ちはあるが，それは伊藤さんのこれまで積み重ねてきたやり方とは違う方法でナオトさんと関わることになるため，ナオトさんが荒れることが予想される。そのため，伊藤さんは，夫に関わってほしくないと考えており，夫はそれを受け入れ，関わらないという選択をしているのである。

　夫婦関係が変わったのは，ナオトさんが幼い時，タロウさんの転勤が決まり，5年半単身赴任をしたことが大きいという。その際，単身赴任を選択したのだが，

その時，タロウさんは伊藤さんから「障碍児を置いてよく一人で行けるわね」と言われた。「こちらとしては，ついてくればいいじゃん」と思ったという。転勤先に一緒に行かなかったのは，「推測ですよ」と前置きをして「育児サークルを立ち上げたところだったし，親も近いから，そちらをしたかったんじゃないですかね。慣れた土地じゃないと子育ても難しいだろうし」と語った。

　育児サークルでの伊藤さんの活動に対しては，「よくやってるなって思っています。すごく評価してますけど。……でも，褒めたことはありません」。反対に助成金をもらったりして運営しているんだから「仲良しクラブじゃないんだから，会としてちゃんとしないといけないよって言ったことはあります。そしたらケンカになりましたよね。」と語った。伊藤さんの活動について，タロウさんは心の中では称賛をしているのであるが，それを表出してはいない。むしろ，口出しをしてケンカという悪い方向に行ってしまっている。どちらも悪いわけではない。このような日々の積み重ねが，夫婦間のズレを生むといえる。またタロウさんは，「妻はかなりの負担だと思う。（ナオトさんが）トイレと食事が自分でできれば負担はかなり減ると思うんですけど」「ストレスが溜まってるんだと思うんですけど，彼女自身がどこでストレスを発散できるか，僕自身わからないんですよね」と伊藤さんの状況を心配しながらも，どうにもできない自分がいることを語ってくれた。妻の行動や思いを尊重しながら，妻が負担に思っていること，ストレスを感じていることを，夫が理解できるかどうかが，夫婦関係，そして家族関係を機能させる鍵になるといえるだろう。伊藤さん夫婦はそれが難しい状況であるが，これは伊藤さん夫婦特有のものなのだろうか。

（3）父親（夫）と母親（妻）の意識のズレ

　岡野・武井・寺崎（2012）は，広汎性発達障碍児をもつ母親が，さまざまな育児ストレッサーの下で，父親（夫）に求める理想のサポート内容，および実際に受けているサポート内容と，父親（夫）が母親に対して行うことを理想とするサポート内容，および実際に行っているサポート内容を明らかにすることを目的に質問紙調査を行った。その結果，母親が最もストレッサーとして感じていたのは「子育ての不安」であり，父親も母親が「子育ての不安」を最もストレッサーと感じているだろうと推測しており，この点ではズレはなかった。しかし，母親が父親に求める理想のサポート内容と父親が母親に行っているサポート内容が一致しており，なおかつ，母親が実際に父親から受けているサポート内容と父親が母

親に行っているサポート内容が一致していた事例は，10名中3名であり，一致率は30％であった。このことから，母親が望むサポートを父親が実際に行っている夫婦は少なく，不一致が生じている夫婦が多いということがうかがえたと考察している。つまり，妻が望むサポートと夫が考え，実際に行っているサポートは多くの場合，ズレが生じており，伊藤さん夫婦のようなケースは少なくないといえよう。岡野・武井・寺崎 (2012) で，母親が父親（夫）に望んだのは，「母親に働きかけるサポート」だけではなく，「子どもに働きかけるサポート」も含まれていた。障碍のない子どもの母親をもつ場合は，これまで多くの研究で，育児において父親（夫）からの情緒的サポートが有用とされてきた。しかし，広汎性発達障碍児をもつ母親にとっては，子育ての困難さから，母親に働きかけるサポートだけでなく，子どもの特性について夫婦で共に考え育児をすることが求められると述べている。タロウさんも，伊藤さんのナオトさんの世話に対する負担は感じているが，これまで子育てを行ってきた母親は，障碍のある子どもへの接し方，やり方が確立されているため，父親がその役割を担うことは，難しい状況になっていた。伊藤さんもナオトさんが崩れるくらいなら，自分がやったほうがいいと思っていると推測され，それがさらにズレを生むことにつながっている様子がわかった。

　父親・夫と母親・妻にはそれぞれ言い分があるだろう。それはどちらも尊重されるものだと考えるが，実際に障碍のある子どもと父親も母親も実質的に関わることが，夫婦のズレを小さいものにするといえるだろう。その場合，母親が心理的にも制度的にも母子一体化しやすい現状をどう変えていくかが課題である。幼少期から夫婦で共に育てるということが理想であるが，そうなっていないことが多い。その場合，妻からすれば，夫のやり方には不満を抱くかもしれないが，子どもを育てる時と同様，「待つ」ことで人は育つことを念頭においておくと，夫のやり方を少しは認められるかもしれない。育児において，特に障碍のある子どもの育児においては，母親が養育者として主になることが多く，そうならざるを得ない社会を変えていくという視点はもちろん必要である。しかし，まず身近なこととして，父親が脇役に置かれがちな現状の中で，父親もいることを妻も夫自身も認識し直す必要があろう。妻だけの思いを聞くのではなく，夫も夫自身が思っていることを伝える，そして妻も聞いてみるという視点をもつこと，また妻がやっていることを夫も実際にやってみることで少しでもズレが埋まるのではないかと考える。

引用・参考文献

藤本　愉　2016　障害児をもつ家族における「父親」に関する検討と展望　國學院大學北海道短期大学部紀要，33，51-62.

平野美幸　2004　脳性麻痺の子どもを持つ父親の意識と行動の変容　日本小児看護学会誌，13（1），18-23.

玄　順烈　2011　重症心身障害児をもつ父親の親としての意識―長期入院している子どもについての語りから―　日本小児看護学会誌，20（3），36-42.

松井剛太・七木田敦　2015　障害のある子どもをもつ母親と父親の子育て意識に関する比較研究―フォーカス・グループ・インタビューによる質的分析―　幼年教育研究年報，37，99-106.

三原博光・松本耕二　2012　障害者の父親の生活意識の検証―障害児の年齢，出生順位，妻の仕事の有無に着目して―　社会福祉学，53，108-118.

岡野維新・武井祐子・寺崎正治　2012　広汎性発達障害児をもつ母親の育児ストレッサーと父親の母親に対するサポート　川崎医療福祉学会誌，21，218-224.

下野純平・遠藤芳子・武田淳子　2013　在宅重症心身障害児の父親が父親役割を遂行するための調整過程　日本小児看護学会誌，22（2），1-8.

鈴木江利子・中垣紀子　2018　在宅で学童期から思春期にある障がい児（者）を育てている父親の体験　日本小児看護学会誌，27，9-17.

竹村淳子・泊　祐子　2006　幼児期の障害児をもつ父親の養育行動獲得プロセス　家族看護学研究，12，2-9.

土屋　葉　2003　〈障害をもつ子どもの父親〉であること―母が語る／子どもが語る／父親が語る―　桜井　厚（編）　ライフストーリーとジェンダー　せりか書房　pp.107-124.

（渡邉照美）

あ と が き

　本書は，障碍のある子どもを家族にもって生きるということが，家族成員にとってどのような経験であり，どのような意味をもつのかについて，母親，父親，きょうだいといった家族の語りをまとめたものです。

　筆者は，これまで喪失の研究を行ってきました。その研究の中心は，大切な方を介護し，看取るという死別経験が，遺された方々のその後の人生にどのような影響を与えるのか，また非常に辛く悲しい経験であるが，それでもなお生きていくという経験がどのようなものなのかを明らかにすることでした。その中では，大切な人との死別という事態に直面し，アイデンティティが揺らぎながらも，その後の人生において新たなアイデンティティを再構築して生きていく人や人生の一部として淡々と受け止める人等，さまざまな反応がありました。それでは，なぜ，これまで喪失の研究をしていた筆者が，本書の中心テーマである障碍のある子どもの家族についての語りをまとめることに至ったのでしょうか。

　子どもが産まれるということ，そして家族になっていくということは「獲得」であり，「喪失」とは対極のもののようにとらえられると思います。しかし，その子どもに障碍があった場合はどうでしょうか。決して，子どもを「喪失」したわけではありません。しかし，家族，特に親は葛藤を経験する場合が多く，障碍なく産まれる子どものイメージ像を「喪失」した可能性があります。その意味において，本書は「喪失」をテーマにしたものといえます。しかし，物事や生きることは「喪失」対「獲得」という二項対立で語れるほど単純なものではありません。

　筆者が，前述の死別研究を行っていた20代のとき，遺された方々が，死別経験後にポジティブな変化をしていくことに着目し研究を進めていました。その結果，ポジティブな変化をされた方もおられ，危機的状況に対し，主体的に模索し，コミットメントしていくことで人格的発達が認められることが明らかになりました。しかし，調査を進めていく中で，ポジティブな変化だけではなく，落ち込み，誰にも会いたくない，食べられない，眠れない，ふと笑っている自分に罪悪感を感じるといったネガティブな日々があったこと，また喪失からどんなに日が経っても，ネガティブな思いにとらわれる日があることも明らかになりました。このよ

うに書いてみれば，それはあたりまえと思えますが，研究を始めたばかりの筆者にとっては，ポジティブな側面を明らかにすることだけに重心があり，「ポジティブ」対「ネガティブ」という二項対立の思考があったことは否めません。ポジティブな側面と表裏一体にあるネガティブな側面をおろそかにしてはいけないこと，つまり二分法で物事を考えるのでは不十分であることを調査に協力してくださった方々とその語りが教えてくれました。

　その経験があるため，本書においては，障碍のある子どもの家族が障碍を受容しているかどうかや障碍のある子どもを育てる中で成長しているかどうか，きょうだい児が障碍のあるきょうだいと共に生活する中で肯定的な変化や影響があったかどうか，施設入所が良いのか悪いのかといった「ある」か「なし」かという点については極力結論づけないよう注意しました。どれが良くてどれが悪いのかではなく，いろいろな家族がいて，いろいろな日常があること，いろいろな感情が行ったり来たりして毎日を過ごしていることを知っていただければと思います。本書のタイトルに「レジリエンス」という用語が入っています。レジリエンスのとらえ方はさまざまですが，筆者らは「レジリエンス」を「いろいろな困難はあるけれど，どうにか折り合いをつけながら生きていること」（p.87）ととらえています。（物理的距離は問わず）試行錯誤しながら，共に生きていることがレジリエンスに他ならないだろうと考えます。

　本書の読者は，保育者や教育者の方々が多いかもしれません。保護者が子どもの状況をなぜ理解してくれないのかと思ったことが，少なくとも1度や2度はあるでしょう。しかし考えてみてください。子どもはそれぞれの場面で違う表情や行動をします。人を見ています。園や学校という集団での様子と家庭での個の様子は違うのです。また専門的知識を学んだ人とそうでない人では気付きの視点も違うでしょう。保育者・教育者は，正論を振りかざすだけでは不十分です。この子のために，その正論をどう落とし込み，生活に馴染ませるのかまで考えて実践する，または保護者に伝えることが保育・教育のあり方だと思います。

　そして，家族は子どもの状況に気付いていても，気付かないふりをしていたい心理もあるでしょう。障碍のない子どもの育児であれば，ある程度のところで一段落します。しかし障碍のある子どもの家族の場合，育児から介護へと様相を変えていく場合も多くあります。そのようなことを想像しながら，思いに寄り添った保育や教育をしていただきたいと思います。筆者らも，他者の考え，価値観に寛容であること，謙虚であることを忘れないでいたいと考えています。

最後に，面接調査にご協力いただいたみなさまに心からの敬意と感謝を申し上げます。貴重なお話を聴かせていただき，また筆者らに真摯に向き合っていただき，ありがとうございました。そして，本企画の意義を認め，出版をご快諾くださったミネルヴァ書房と，出版の作業を担っていただいた浅井久仁人氏に心から感謝を申し上げます。

　　2020年8月

渡邉　照美

著者紹介

渡邉照美（わたなべ・てるみ）

1977年岡山県倉敷市生まれ　広島大学大学院教育学研究科修了（博士（教育学））

くらしき作陽大学講師，准教授を経て現在，佛教大学教育学部准教授

菅原伸康（すがわら・のぶやす）

1967年北海道網走市生まれ　福井大学大学院教育学研究科修了

国立久里浜養護学校文部科学教官，佛教大学教育学部教授を経て現在，関西学院大学教育学部教授

障碍のある子どものための教育と保育⑤

物語で読む障碍のある子どもの家族のレジリエンス

2021年3月20日　初版第1刷発行　　　　　〈検印廃止〉

定価はカバーに
表示しています

著　　者	渡	邉	照	美
	菅	原	伸	康
発 行 者	杉	田	啓	三
印 刷 者	中	村	勝	弘

発行所　株式会社　ミネルヴァ書房

607-8494 京都市山科区日ノ岡堤谷町1
電話(075)581-5191／振替01020-0-8076

中村印刷・清水製本

ISBN 978-4-623-08982-6

Printed in Japan

障碍のある子どものための教育と保育①
エピソードでみる　障碍の理解と支援
菅原伸康　著　　　　　　　　　　　　　　　　　　　　B 5 判160頁　本体2400円

障碍のある子どもとの係わり合いの中での子どもの行動の意味の読み取りと解釈を，実際のエピソードの紹介を通してわかりやすく解説する。前半で35のエピソードを見開き 2 頁で紹介。後半では，これらエピソードに含まれる障碍児との良好な係わりを築くためのポイントを理論や制度の説明も交えてやさしく解説する。

障碍のある子どものための教育と保育②
写真でみる　障碍のある子どものための課題学習と教材教具
菅原伸康　著　　　　　　　　　　　　　　　　　　　　B 5 判152頁　本体2400円

障碍のある子どもたちと教材教具を通して学んだことをわかりやすくまとめた。豊富な写真を交えて，課題学習や教材教具の意義，それを用いた教授の方法についてわかりやすく解説する。保育・教育の現場はもちろん，家庭のなかでも実践可能で具体的な取り組み例などを紹介する。

障碍のある子どものための教育と保育③
エピソードで学ぶ　障碍の重い子どもの理解と支援
菅原伸康・渡邉照美　編著　　　　　　　　　　　　　　B 5 判120頁　本体2400円

重度・重複障害児の特性，「自立活動指導」のポイントや，教員の専門性など障害の重い子どもの指導に当たる教員の「疑問に思うこと」「指導に悩むこと」についてエピソードを交えてわかりやすく解説する。日々の指導に役立つ実践的な指導資料。

障碍のある子どものための教育と保育④
図で学ぶ　障碍のある子どものための「文字・数」学習
菅原伸康・渡邉照美　著　　　　　　　　　　　　　　　B 5 判180頁　本体2400円

障碍のある子どもたちに文字や数の概念をどのように教えるのか――。記号操作の基礎学習（文字・数を記号として操作することを目指した学習）を積みあげることで，文字を形として理解することが可能な支援・指導を解説する。

――――― ミネルヴァ書房 ―――――

https://www.minervashobo.co.jp/